广东省博物馆
藏品大系

出土出水文物卷

广东省博物馆 编

文物出版社

图书在版编目（ＣＩＰ）数据

广东省博物馆藏品大系. 出土出水文物卷 / 广东省
博物馆编. -- 北京 : 文物出版社, 2022.12
　　ISBN 978-7-5010-7838-7

　　Ⅰ. ①广… Ⅱ. ①广… Ⅲ. ①博物馆－藏品－广东－
图集②历史文物－广东－图集 Ⅳ.①G269.276.5-64
②K872.650.2

　　中国版本图书馆CIP数据核字(2022)第202346号

广东省博物馆藏品大系 出土出水文物卷

编　　者：广东省博物馆

责任编辑：谷　雨
摄　　影：张　冰
责任印制：苏　林
责任校对：赵　宁
装帧设计：雅昌设计中心·北京

出版发行：文物出版社
地　　址：北京市东城区东直门内北小街2号楼
邮　　编：100007
网　　址：http://www.wenwu.com
印　　刷：北京雅昌艺术印刷有限公司
经　　销：新华书店
开　　本：965mm×1270mm　1/16
印　　张：20.5
版　　次：2022年12月第1版
印　　次：2022年12月第1次印刷
书　　号：ISBN 978-7-5010-7838-7
定　　价：488.00元

目录

广东背依五岭，面临南海，地理位置优越，历史悠久。广东是岭南文化中心地，"海上丝绸之路"发祥地，中国近现代民主革命策源地，改革开放前沿地。郁南磨刀山遗址与南江旧石器地点群的发现表明，60万至80万年前，岭南先民便繁衍生息于这片土地。千百年来，海洋和大陆两种资源模式和文明基因的多元交流与互动，留给广东丰富的文化遗产和自然资源，为广东省博物馆事业的发展奠定了坚实的基础。

广东省博物馆是首批国家一级博物馆和区域文物保护中心，于1957年开始筹备，1959年10月1日正式对外开放。旧馆位于广州市文明路6号（今215号），曾是清代广东贡院，后为国民党"一大"旧址和红楼、中山大学天文台所在地。2010年，广东省博物馆新馆在广州珠江新城落成开放，建筑创意为"绿色飘带上盛满珍宝的容器"，宛如熠熠生辉的"月光宝盒"。广东省博物馆总建筑面积约7.7万平方米，每年接待观众超过200万人次，是世界各地观众品味岭南文化，领略中华文明的重要窗口。

2019年，是广东省博物馆建馆60周年。风雨一甲子，辉煌六十载，几代博物馆人扎实工作，广征博纳，通过调查发掘、有关部门调拨移交、上级拨款征购等多种渠道，提升博物馆藏品的数量和质量。此外，我馆还得到各界人士的慷慨捐赠，如国内外著名收藏家商承祚、蔡语邨、吴南生、简又文、梁奕嵩、艾地文等捐出大批品质极高的珍品，品类涵括书画、瓷器、丝织品、墨砚、钱币、珐琅等。截至2022年6月底，广东省博物馆藏品总数逾22.4万件/套。其中，端砚、潮州木雕、外销艺术品、出水文物、自然资源系列藏品是馆藏优势和特色。特别是馆藏古代陶瓷和古代字画两类传世文物的数量和质量在中国博物馆中名列前茅，陶瓷藏品几乎包括历代各名窑产品，书画中省内外著名书画家的代表作多有珍藏。

为了全面展现馆藏面貌，努力打造"学术粤博"，积极服务公众、回馈社会，我们对馆藏文物进行了全面梳理，从中撷取精华编撰《广东省博物馆藏品大系》。《藏品大系》具有以下三个特点：一、涵盖范围全面，品类齐全。二、如实反映了我馆藏品的面貌及实力，如书画、陶瓷等文物是我馆收藏的大类，各有两卷；杂项文物数量不均衡，故按照文物质地和数量分布，分为两卷。三、突显特色藏品，如出水文物是我馆近年来文物入藏的重点和亮点；广东本地窑口陶瓷器被专门收录；砚台、木雕等以广东产地为主，展现广东工艺，反映区域特色。

最后，向多年来关心和支持广东省博物馆事业发展的各级领导、兄弟单位，慷慨捐赠的社会各界人士，为广东省博物馆事业发展而努力耕耘的所有同事，以及为《藏品大系》编撰工作付出辛勤劳动的专家和同事们表示深深的谢忱！

广东省博物馆馆长 肖海明博士

　　出土出水文物是广东省博物馆文物收藏中的一大类别。20 世纪以来，随着广东考古事业的发展，考古成果日见丰硕，墓葬、窑址、遗址、沉船等不同类型文化遗存，玉石器、陶瓷器、金属器、竹木器等不同质地遗物，宛如星光点点，引领我们穿越时空，探寻先民生活踪迹，还原广东古代历史面貌。

　　20 世纪 50 年代，韶关市曲江区马坝镇狮子岩旧石器洞穴遗址考古资料显示，早在 12.8 万年前，广东出现了早期人类，一同出土的还有 19 种动物种属化石、2 件打制石器。2013 年，云浮市郁南县磨刀山遗址的发现，把广东人类历史往前推至 60 万—80 万年前。这是迄今关于广东人类最早的考古实物资料。

　　到了距今 1 万年左右，广东进入新石器时代，英德青塘遗址、封开黄岩洞遗址、阳春独石仔遗址、英德牛栏洞遗址，依次开启了广东文明的进程，出土遗物保留着旧石器时期的打制石器痕迹。距今 8000 年以前，以潮安陈桥和遂溪鲤鱼墩为代表的贝丘遗址，出土的蚝蛎啄和蚌刀见证了广东人早期利用水生食物的历史。距今 7000—6000 年左右，深圳咸头岭、珠海后沙湾、广州增城金兰寺等沙丘或贝丘遗址中，大范围彩陶遗存见证了珠江流域与长江流域的交流。南海西樵山遗址作为华南地区最大的采石场、石器加工厂，和出土大量陶器的高明古椰遗址，为确立距今 6000—5000 年的珠江三角洲地区考古学文化类型与发展序列提供了有力支撑。新石器时代晚期，粤北山地与环珠江口形成文化性质不同的考古学区域，北以著名的石峡文化为中心，南有珠海宝镜湾为代表的遗存。前者以鼎、三足盘为特征，后者以釜、小口绳纹圈足罐、豆为特征。粤东地区与环珠江口地区的文物形态更为接近，这一时期呈现南北分化的情形。云雷纹的出现，预示着以往流行的刻划纹被更规范的拍印或戳印纹饰所代替，器物的颈部、肩部、腹部等部位的变化反映了制陶工艺的进步。而陶器中缺乏鬲等炊具的特点，以及石器中石斧、石锛、石铲、石球、研磨器、石拍等类型，则反映出广东地区存在着和中原地区截然不同的饮食及生活习惯。

　　广东地区所出青铜器主要集中在春秋战国时期，此时的青铜器中有与中原地区完全相同的，也有与云贵地区密切联系的，更多的是地域因素浓重的器物，如人首柱形青铜饰。另外，青铜器中含砷的特点，以及陶器所表现的青铜文化色彩，都表明了广东地区存在自己的青铜时代。

　　约 4200 年前（相当于中原商时期），广东进入青铜时代，可分为早、中、晚三期。珠海棠下环遗址出土制作青铜器的石范是广东青铜时代的开端。到了晚商时期，广东地区开始出现铜戈等小型青铜器。进入约 3000 年前（相当于中原西周早中期），是广东青铜时代的重要变革时期，广东地区出现以容器为主的钟鼎组合，如信宜市的铜盉、乐昌市的越式鼎、博罗横岭山西周中期的钟和鼎等均为这个时期的遗物。春秋晚期至战国之交，受到浙江地区影响，广东的陶器纹饰由"米"字纹代替了夔纹；铜器风格也随之改变，越式鼎依然延续，长江下游以及楚文化的影响在广东出土的青铜器上有所体现；同时还有来自西南方向的影响，罗定背夫山墓葬的铜器即为典型代表。至战国晚期，则有广宁龙嘴岗、铜鼓岗等遗址。广东青铜时代还出现了以粤东地区浮滨文化为代表的酱色釉原始瓷。

秦汉时期，由于中央王朝对岭南地区的统治加强，广东地区政治、经济、文化取得较大的发展。从潮汕平原到雷州半岛的徐闻以及粤东、粤西和珠江三角洲地区都发现了大量的汉代遗存，其中最为重要的是西汉南越王墓、西汉南越王宫以及乐昌对面山遗址等。乐昌对面山遗址发掘了自东周至隋唐的墓葬200余座，出土文物1000余件，是汉越融合的重要实证。在秦汉时期的汉代遗物中，陶质建筑明器造型复杂，制作精良，能够反映岭南地区汉代物质生活的多个方面，如陶船、陶屋、陶水田以及陶鸡牛羊等动物模型。

自西晋至唐代，青瓷成为广东地区出土文物的代表性器物，珠江三角洲地区的番禺、佛山、高明，粤东的潮州、梅州，粤北的韶关等地均有发现。青瓷早期釉色较淡，胎质粗糙，火候不高；晚期釉色变深，胎质变密，器类有所增加。出土青瓷的典型窑址有新会官冲窑、梅县水车窑、潮州窑等。

优越的地理位置及迅速发展的农业、手工业生产，使广东自秦汉以来海上交通日益发展，而沿着大陆边岸行驶的旧航线逐渐无法满足其发展步伐。为了加强与东南亚以及印度洋沿岸的友好交往，东南沿海的船工舟师们经过长期探索，开辟了西沙群岛直贯南海的新航线。西沙群岛上发现的众多文化遗存就是这一历史的见证，其年代从南朝一直延续到清末，出土遗物除了陶瓷器外，还有铁刀、铁凿、铜饰件、石人像，以及人们食肉后抛弃的鸟骨和螺壳等。

宋元明清时期，客商云集的东方巨港、连绵不断的千年窑火，见证了"海上丝绸之路"的发展与繁荣，广东先民从南海之滨扬帆，让"海丝"文化和中华文明远播全球。

陶瓷是贸易出口的三大物品之一。为适应海外市场的需要，唐宋时期广东瓷业迅猛发展，出现"百窑村"——潮州笔架山窑，广州西村窑，西江南、北岸青釉瓷窑等宋代外销瓷器生产基地，所产瓷器广受海外人士的喜爱。沉船遗址的发现，则从另一侧面反映了海上陶瓷贸易的繁荣景象。广东目前发现两艘重要陶瓷贸易船只，即位于阳江海域的"南海Ⅰ号"南宋沉船和位于汕头海域的"南澳Ⅰ号"明代沉船，它们也是目前国内发现的装载货物最多的两艘古代商船，分别出水外销货品18万余件和近3万件，其中绝大多数为陶瓷器，包括广东、福建、江西、浙江等地多个窑口的器物。两艘古代沉船的考古发掘显示，船载的陶瓷器烧造、金属器和漆器制造、金属货币铸造以及造船与航海技术，均比以前有较大的发展，彰显了当时海上交通贸易的繁荣景象。

六十年一甲子。在几代文博人的努力下，目前广东省博物馆收藏出土出水文物已达八万余件／套，珍贵文物三千余件／套。出土出水文物具有时间跨度长远（从远古至明清）、质地种类丰富（玉石、陶瓷、竹木、金属等）的特点，为广东历史研究提供了有力证据，为陈列展览提供了可靠素材，对广东省博物馆事业发展具有举足轻重的作用。

本卷共分两个部分，第一部分为出土文物，按照质地分为玉石器、金属器、陶瓷器及其他类别；第二部分为出水文物，以地点划分，包括西沙海域、海底沉船所获之文物。

出土文物之玉石器，共收录 26 件／套。

玉石器，按其功能，可分为礼器、工具、饰品等，反映广东早期人类的生活情景及交流痕迹。如石峡遗址出土的玉琮、石璜等礼器，明显带有良渚文化的因素，尤其是玉琮上的横线以及神人的眼睛、素面凸鼻及张口几个特征，都受到良渚玉文化的影响，显示了良渚文化强大的传播能力。有段石锛、有肩石器普遍发现于中国南方地区，是中国南方地区新石器时代具有浓厚地方性特征的器物，它们的分布范围广，而且有比较明显的分布圈。有段石锛主要分布在太平洋西部沿海地区，包括中国的东部、南部沿海和内陆的几个省区，以及南美洲西部海岸和南太平洋诸岛屿、菲律宾等地，最南可达新西兰岛。有肩石器则主要分布在中国的广东、香港、广西、云南等地，以及东南亚的越南、老挝、柬埔寨、缅甸、泰国、马来西亚和南亚的印度、孟加拉等国。

出土文物之金属器，共收录 41 件／套，主要包括青铜器、金银器以及铁器。

广东地区出土的青铜器集中在春秋战国时期，器形既有岭北风格的鼎、盉、罍、提梁壶等，也有来自滇桂地区的羊角钮钟，与此同时，还有极具岭南本土色彩的人首柱形青铜饰等。由此说明，自先秦时期起，铜器制作技术已从中原传播到了岭南，并沿着珠江水系进行扩散和传播；先秦南越先民在吸收中原铜器制作技术的同时，制作出具有本土特征的铜器并用于军事和生产生活，深刻地影响了当时的社会生活。金银器以遂溪出土的萨珊王朝花叶鸟鱼纹窝形金器最为耀眼。《宋书·夷蛮传》载："晋氏南移……汛海陵波，因风远至。又重峻参差，氏众非一，殊名诡号，种别类殊，山琛水宝，由兹自出，通犀翠羽之珍，蛇珠火布之异，千名万品，并世主之所虚心，故舟舶继路，商使交属。"[1] 这件窝形金器所体现出的异域风格与上述文献颇为符合，证明当时存在海外交通贸易往来。有明一代，广东地区对外贸易继续发展，白银大量流入。张燮曰："东洋吕宋，地无他产，夷人悉用银钱易货，故归船自银钱外无他携来。"[2] 从封开的墓葬中出土大量小银锭可知，当时的商

1　[南朝梁]沈约：《宋书》，北京：中华书局，1974 年，第 2399 页。

2　[明]张燮：《东西洋考》卷七"饷税考"，北京：中华书局，1981 年，第 132 页。

业经济发展十分繁荣，同等价值的白银相对于前朝长期流通的铜钱，体积更小，有着便于携带的优点，故成为明代以后主要的流通货币之一。

出土文物之陶瓷器，共收录 52 件／套。

广东地区新石器时代早期的陶器，为夹砂粗陶，均为手制，陶胎厚薄不均，烧成温度只有 680℃ 左右，质地松脆，有的还呈千层糕状，几乎不见完整器。到了新石器时代中期，器形主要有鼎、罐、盘、钵、釜等五种，其中以釜、罐为大宗，以夹砂陶为主。由于此期陶器的功用是炊盛合一，因此陶器必须能同时耐热和耐冷，不易烧裂，所以多在陶胎中夹杂一些砂粒、贝蚌粉末或者草木灰。出现于新石器时代晚期的几何印纹陶，是广东地区，尤其是沿海一带古代物质文化特征之一，其发展兴盛于商、西周至春秋，衰退于战国，代表性的纹样有圆点纹、圆圈纹、雷纹、云纹、夔纹、"米"字纹、方格纹。广东北部、西部是几何印纹陶的重要分布地区。夔纹陶是一种以夔纹、云雷纹、方格纹组合为代表的印纹硬陶，主要分布于除海南岛和岭南地区西南部之外的广大地区；纹饰富有变化，多以阳纹为主，阴纹为辅；印模雕刻精致，构图严整；拍印技术高超，花纹清晰、整齐、美观，给人以浮雕感。"米"字纹陶上接夔纹陶，下启秦汉文化。"米"字纹陶以"米"字形印纹及水波纹、弦纹、刻划纹为代表，其分布地域比夔纹陶更广，海南和雷州半岛亦有出土；陶器胎质硬，火候高，扣之有铿锵声；制法以模制拍印为主，发展至以轮制为主，模制拍印为辅。春秋晚期，几何印纹衰退，划纹兴起。除瓮、罐、缶等大型陶器仍然用模制法加工和拍印"米"字、方格等纹饰外，小型陶器多为轮制，饰刻划纹和刺点纹。秦汉之际，岭南地区亦盛行汉地随葬明器之风，不仅有陶屋、陶俑，更有极具水乡特色的水田及陶船。随着中央政权对广东地区的统治加强，岭南陶器的本地特色逐渐减弱，与中华主体文化日趋同化。晋、南朝和隋唐时期，青瓷发展迅速，取代陶器成为广东地区日常生活器皿的主流，主要器形有碗、钵、壶、罐等。宋元时期，广东陶瓷快速发展，成为我国南方外销瓷的重要产地，形成雷州半岛、珠江三角洲和梅江、韩江一带三个集中区域。明清时期，广东地区的陶瓷生产继续发展，窑址数量增加，陶瓷产品已有仿烧龙泉窑青瓷、外销青花瓷、黑釉瓷、青瓷以及青白瓷等类型。清代在青花瓷不断发展的同时，一些具有地方特色的陶瓷产品生产规模迅速扩大，粤东地区的青花瓷及珠江三角洲地区的广彩成为重要的外销瓷品种。

出土文物之其他类，精选 10 件藏品为代表。

河宕遗址出土的新石器时代象牙筒形器为目前广东地区所见时间较早且制作精良的象牙制品，表明岭南先民很早就开始对大型动物进行开发利用。琥珀、珊瑚材质的器物则是"舶来品"。《汉书》有云："处近海，多犀、象、毒冒（玳瑁）、珠玑、银、铜、果、布之凑，中国往商贾者多取富焉。

番禺，其一都会也。"[3] 广州、徐闻等地均发现过串珠饰品，从中可看出广东古代海上贸易的路线。琥珀多数来自缅甸，玛瑙来自南亚，以及其他来自不同地域的原料、成品或本地制作的带有异域风格的器物，都反映了不同地区之间的贸易以及科技文化相互交流、影响与融合的过程，是中国与东南亚、南亚、西亚及地中海沿岸地区，通过"海上丝绸之路"进行交流的直接物证。端砚是中国四大名砚之一，以其坚实致密、温润如玉的质地，独特而丰富多彩的石品花纹以及巧夺天工的雕刻艺术而闻名于世。本卷收录的宋端石抄手砚为刘景纪年墓所出，是宋代端砚的标型器，体现了当时的时代特点和工艺特征。广东地区土壤酸性较大，出土的有机文物一般品相较差。揭阳明墓所出的《琵琶记》一书为其中的珍品，保存完整，内容丰富，为研究古代戏剧历史提供了珍贵的文物材料。

出水文物，共收录 59 件 / 套，主要为来自西沙海域，"南海Ⅰ号""南澳Ⅰ号"以及海外沉船的文物。

1974—1975 年，广东省博物馆曾两次对西沙群岛的多个岛屿展开考古调查，在甘泉岛西北端发现了唐宋两代的居住遗址，有力地证明了西沙群岛是我国人民最早发现、最早开发的神圣领土的一部分。西沙海域的出水文物，年代从南朝延续至清代，出水陶瓷器产地有浙江、江西、湖南、福建、广东和广西各地的多个窑口，可见历史上我国往来西沙群岛的船舶从未间断。收藏于东南亚、印度洋沿岸地区及世界其他地区的部分中国古代陶瓷器，其器类与西沙群岛发现的陶瓷器类似，而在西沙群岛一带的集中发现，对研究我国东南沿海各地古代陶瓷生产和出口外销的历史有重要意义。

"南海Ⅰ号"沉船，1987 年发现于台山与阳江交界海域，是一艘南宋淳熙年间(1174—1189 年)"福船"类型木质商船。现存船体长 22、宽 9.35 米，船舱内最深约 2.7 米；船载货物数量超过 18 万件 / 套，计有陶瓷器、铜铁器、金银器、漆木器、金属货币、朱砂、动植物残骸、植物果核等，种类繁多。其中瓷器数量最多，包括景德镇窑、龙泉窑、德化窑、磁灶窑等不同省区、不同窑口的产品，器形有盘、碗、罐、壶、瓶、盒等。有些器物具有东南亚、西亚等域外特征。

"南澳Ⅰ号"沉船是 2009 年发现于汕头南澳县海域的一艘明代晚期木质商船，长约 27、宽约 8 米，已确认 25 个隔舱。出水文物约 3 万件，包括陶瓷器、金属器、石器、骨器、漆木器以及各类有机物遗存。此外，还发现铜钱 2 万余枚。瓷器数量最大，以福建漳州窑、江西景德镇窑产品为主。漳州窑瓷器按釉色分为青花瓷、白釉瓷等，青花居多，整体特征是瓷胎厚重，器表施釉，釉色乳浊，器底粘砂，器表通常有釉裂及沙眼。景德镇窑系瓷，按釉色分为青花、五彩、白釉、霁蓝，仍以青花为主，其余数量极少。景德镇窑系瓷器整体特征是胎体轻薄，胎土洁白细腻，通体挂釉，色泽光亮，

3　[汉] 班固：《汉书》卷二十八《地理志下》，北京：中华书局，1962 年，第 1669 ～ 1670 页。

玻璃质感强，气孔很小，不易察觉，器底修整平整，质量较高；以小型器为主，多见碗、碟、杯类器物，瓷盘直径比漳州窑瓷盘小；青花瓷色泽艳丽，有浅蓝、深蓝、蓝靛、蓝黑等不同色调，通常以深色勾描纹饰轮廓，再以浅色晕染，呈现深浅不同的层次，富有立体感。五彩瓷以黄、绿、红为主，一般为釉上彩，同时兼有五彩和青花的结合，部分更有描金。由于海水侵蚀，五彩及描金多有脱落，或氧化变黑。五彩器形仅见碗、粉盒两类，制作精良，纹饰题材多为花鸟鱼虫等吉祥图案。景德镇窑系瓷器底部多有款识，常见"福""寿""万福攸同""富贵佳器""长命富贵"等吉祥文字，以及"大明年造""大明宣德年制"等年代文字。陶器多为福建和广东地区民窑产品，器类有瓮、罐、壶等。器形厚重，胎体夹细砂，胎质灰白，器身施酱釉，施釉不及底，一般半釉，釉呈酱色、黑色等色调。火候相对低，胎釉结合不紧密，常有脱釉现象。酱釉陶器装饰十分有特色，贴塑龙、凤、花卉图案，取"凤穿牡丹、龙游四海"之寓意，与盖、肩部的狮纽相得益彰。

此外，广东省博物馆还征集了一批海外沉船出水文物，如"万历号""皇家南海号""丹戎新邦号"沉船遗物，其中重点器物有景德镇窑青花象首军持、景德镇窑青花蕉叶纹椭圆盖盒、青花双凤纹克拉克盘等。克拉克瓷于明万历年间（1573—1620年）的生产量最大，外销并流行于葡萄牙和西班牙贵族之间，青花瓷为多，它的特点是宽边，在盘、碗的口沿绘分格及圆形开光的山水、人物、花卉、果实等。万历克拉克青花盘使用浙料绘画，有翠蓝、灰蓝、淡蓝几种色调，运用分水技法，形成三至四个色阶，画师们熟练地运笔，无论勾、点、染皆随心所欲，自然洒脱。凡是勾勒圆圈，皆是用两笔拼凑而成，这也是明末瓷画的一个特点。这种具有典型欧洲风格的花卉图案青花瓷器，深得欧洲王公贵族喜爱。

图版

出土文物

广东省博物馆藏品大系

出土文献

玉石器

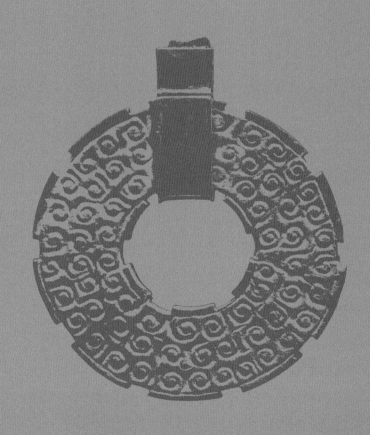

砍砸器

新石器时代早期（约公元前 8000 年）
长 8.5 厘米
英德市青塘遗址黄门岩 2 号洞出土

　　不规则形，边缘刃部有打击而成的加工痕迹。

　　砍砸器是旧石器时代的一种形体较大、形状不固定的工具，器身厚重，在边缘打制出刃部，可起到砍劈、锤砸和挖掘等多种作用，因而可以用于砍树、做木棒、挖植物块根、砸坚果等。

　　青塘遗址位于广东省英德市青塘镇，20世纪60年代和80年代，广东省博物馆曾对其进行了考古调查，发现黄门岩1～4号洞、吊珠岩、仙佛岩及朱屋岩等多处洞穴遗址地点，出土打制石器、局部磨刃石器和陶片等新石器时代早期文化遗物。

　　2016—2018年，广东省考古研究所对黄门岩遗址进行主动性发掘，发现墓葬和火塘遗迹，出土古人类化石、石器、陶器及动植物遗存1万余件，建立起距今约2.5万至1万年完整的地层与文化年代序列，入选2018年全国十大考古新发现。

穿孔石器

新石器时代早期（约公元前8000年）
高5.3、长10.6、宽8.4厘米
阳春市独石仔遗址出土

　　扁椭圆形，在石头的两面凿打后加磨穿孔制成，一端有敲砸痕迹。

　　这类穿孔石器多见于广东、广西的洞穴遗址，与打制石器和局部磨制石器共存。其使用方式之一，可在孔中插入木棒用作挖掘块茎植物的工具。

　　独石仔洞穴遗址于1960年发现，出土打制砍砸器、刮削器、石锤、石砧、石核，以及经琢打磨制的穿孔石器、角器、骨器等，还有动物骨骼化石。其动物种属有猕猴、犀牛、貘、水鹿、野猪、水牛、中国黑熊等。独石仔洞穴遗址是广东省目前发现的地层保存较好、出土遗物较丰富的古人类洞穴遗址。

鼻面纹玉琮

石器时代晚期（约公元前 3000—前 1500 年）
高 3.7~4.3、射径 7.3、孔径 5.5 厘米
韶关市曲江区马坝镇石峡遗址出土

　　闪石玉，有淡黑色、淡褐色斑点石纹。内圆外方，方形外弧形。四边钝角各有一组神人纹，额部两道凸横纹，上刻二至道细弦纹，一对向内卷的纹饰似眉毛，其下是重圈大眼，圈外眼线，双圆眼之间菱形图案为鼻子，下端短凸带纹在方角部位成嘴，菱形鼻子和嘴之间有双线纹，向左右伸出并向上向外卷，似男性脸谱上的一副胡须。外缘四边棱角和内圆孔周边留下用、磨损痕迹。表现出与良渚文化玉琮的相似性。

　　石峡遗址位于广东省韶关市曲江区马坝镇西南2.5公里处，面积约3万平方米。20世纪70至80年代进行了四次考古发掘，出土陶、石器等文化遗物，向人们揭示了广东境内新石器时代到春秋期先民生活、生产活动的情况。其中的主体文化遗存"石峡文"，年代为新石器时代晚期，出土的文化遗物与浙江良渚以及西筑卫城、修水山背遗址出土器物有相似性，反映出这些原始化之间存在着密切关系和不同程度的相互影响。

新石器时代晚期（约公元前 3000—前 1500 年）

高 13.8、射径 6.6~7.2、孔径 4.8~5.2 厘米

韶关市曲江区马坝镇石峡遗址出土

　　闪石玉，有灰色石纹。内圆外方，上大下小。内圆孔采用两头管钻，孔内留有残断石芯。四面平直，近直角，分五节，每节之间刻出明显的凹槽。每一节以方角为中轴刻出一组简化人面纹，额部两条横向凸带纹，下端嘴部的位置，刻出一条横向短凸带纹，带内填刻纤细弦纹，有不太清晰的单线圆眼圈纹。

　　玉琮是我国古代重要的礼器之一，也是墓主人权力和财富的象征。

玉璧

新石器时代晚期（约公元前 3000—前 1500 年）
外径 11.9、内径 4.1、厚 0.9 厘米
韶关市曲江区马坝镇石峡遗址出土

　　玉质灰白，间夹石纹。扁平圆形，肉宽而薄，内孔采用管钻技术制成，孔壁留有旋痕，壁边缘平直，器身光洁，素面无纹，边缘略有磨损。

　　石峡遗址中仅发现此件玉璧，作为石器时代珍贵的随葬品，它对研究当时的工艺制作技术和民俗，以及长江中下游地区、岭南地区新石器时代晚期诸文化的关系等都有重要价值。

兽面纹石环

新石器时代晚期（约公元前 3000—前 1500 年）
高 2.2、外径 8.3、内径 5.8 厘米
韶关市曲江区马坝镇石峡遗址出土

　　质地灰白粗糙。扁平环形，宽肉，环外壁等距离浮雕五组兽面纹，每组浮雕花纹均突出于环体两侧扁平部分。使用痕迹明显，沁蚀严重，花纹模糊。器表的兽面纹饰在石峡遗址中殊为罕见。

兽面纹石环

新石器时代晚期（约公元前 3000—前 1500 年）
高 2.2、外径 8.3、内径 5.8 厘米
韶关市曲江区马坝镇石峡遗址出土

石璜

新石器时代晚期（约公元前 3000—前 1500 年）

外径 7.8、内径 5.8、厚 0.5 厘米

韶关市曲江区马坝镇石峡遗址出土

　　质地灰白粗糙。半圆环形，两端磨平，左端
有一孔，右端有两孔，素面。

石璜

新石器时代晚期（约公元前 3000—前 1500 年）

外径 7.8、内径 5.8、厚 0.5 厘米

韶关市曲江区马坝镇石峡遗址出土

石箭镞

新石器时代晚期（约公元前 3000—前 1500 年）
长 6~11.5 厘米
韶关市曲江区马坝镇石峡遗址出土

　　七件。石质灰黑。叶形，镞身与铤部相连呈流线形，横截面为扁薄菱形。

弓背石锛

新石器时代晚期（约公元前 3000—前 1500 年）
长 14、宽 8.9、厚 2.5 厘米
韶关市曲江区马坝镇石峡遗址出土

　　石质粗松，颜色灰黄。长身，弓背，微弧刃。一面磨光，一面打制。

　　弓背石锛是石峡文化的特色生产工具之一。

石钺

新石器时代晚期（约公元前 3000—前 1500 年）
长 30、弧刃宽 11.2 厘米
韶关市曲江区马坝镇石峡遗址出土

　　石质细腻，颜色稍灰。圆角长身，扁平薄体，刃端作大弧形偏刃，体有双面钻击而成的小圆孔。

　　石钺前身是作为生产工具的石斧，后来演变为武器，最后成为象征权力和威严的礼器，多为酋长、部落首领所占有。石钺一般捆绑在木柄上，在祭祀祖先或进行巫术及重大活动时舞动，以示庄重威严。

有段石锛

新石器时代晚期（约公元前 3000—前 1500 年）
长 7.5、宽 3.6、厚 1.2 厘米
韶关市曲江区马坝镇石峡遗址出土

　　窄长方形，平顶，背面段部呈明显的阶梯状，单面齐刃，双面磨光。
　　有段石锛普遍发现于中国南方地区，是南方地区新石器时代具有浓厚地方性特征的遗物。

新石器时代晚期（约公元前 3000—前 1500 年）
长 7.5、宽 3.6、厚 1.2 厘米
韶关市曲江区马坝镇石峡遗址出土

有肩石锛

新石器时代晚期（约公元前 3000—前 1500 年）

长 17.8、宽 8.3、厚 4 厘米

佛山市南海区西樵山遗址出土

扁长条形，内短窄，上端宽展带双肩，弧刃。器身有打制疤痕，凹凸不平。

有肩石器，或称双肩石器，以石锛为大宗，并有少量的斧和铲。其共同特征是器形宽扁，上部有双肩，以肩为界，分为上下两部分，上部可装柄。它的分布范围包括中国的广东、香港、广西、云南诸省区以及东南亚的越南、老挝、柬埔寨、缅甸、泰国、马来西亚等地。

西樵山遗址位于广东省佛山市南海区西南西樵山，是华南地区最大的新石器时代石器制造场。自1958年起，西樵山先后发现了二十余处有文化层堆积的地点，出土大量打制石器（包括双肩石器、细石器两大系统）以及少量磨制石器和几何印纹陶片。

石戈

新石器时代晚期（约公元前 3000—前 1500 年）
长 23、宽 5.5、厚 0.6 厘米
惠州市惠东县龙舟山遗址出土

　　长条形，偏刃起棱，前出收刹三角形锐锋，援内分界处穿一圆孔，可装在木柄上。

　　戈是我们祖先独创的兵器，既能钩又可啄，由镰刀类农用工具演化而来。新石器时代晚期使用的石戈只是一种生产工具，其援和内的分界不明显。进入青铜时代后，戈类兵器得到空前的发展。商周时期盛行的青铜戈，在形制构造上更加完整。

　　龙舟山遗址位于广东省惠州市惠东县盐洲镇，遗址面积约120平方米，文化层厚36厘米，距今约4000年。

石环

新石器时代晚期（约公元前 3000—前 1500 年）
外径 4.1、内径 3.1、厚 0.3 厘米
肇庆市高要区茅岗遗址出土

　　石质，黄褐色。扁圆环形。表面光滑，有加工痕迹。
　　茅岗遗址位于广东省肇庆市高要区。1978年广东省博物馆对遗址进行试掘，出土三组木构建筑构件，以及大量贝壳及动物遗骸、石器、骨器、陶器、竹器、人骨等，是岭南地区重要的史前干栏式建筑遗址。

石铲

新石器时代晚期（约公元前 3000—前 1500 年）
长 31.5、宽 16.8、厚 1.5 厘米
肇庆市封开县出土

　　石质细腻，颜色灰白。短柄，平肩，束腰，双面磨光，刃口锋利，却不见使用痕迹，似作为象征性的农具，即古人用来祈祷谷物收成的农业礼器。

　　大石铲是岭南地区新石器时代晚期极具地方特色的文化遗物，起源于有肩石斧，是骆越先民为适应原始农业发展的需要而发明制作的，其用途主要是劳动工具和祭祀用品。造型奇特，制作精美，有别于其他地区新石器时代出土的石器，分布范围遍及中国广西、广东、海南及越南北部，该区域称为"大石铲文化圈"。

"山"字饰玉玦

商晚期（约公元前1300—前1046年）
外径7.5、孔径3.5厘米
韶关市曲江区马坝镇石峡遗址出土

　　玦面扁薄，缺口切割整齐。内孔居中，单面管钻而成。外缘等距雕有四个"山"字形装饰。这种边缘带装饰的玉玦主要分布于我国岭南、台湾和东南亚等地。
　　玉玦出土时位于墓主人肩部。

外径7.5、孔径3.5厘米
韶关市曲江区马坝镇石峡遗址出土

石戈

商晚期（约公元前 1300—前 1046 年）
长 25、宽 7.7、厚 0.6 厘米
潮州市饶平县浮滨镇塔仔金山 M6 出土

　　石质坚硬，色深灰。体细长，端穿一孔。通体磨光，双边刃磨制锋利，制作精工。

　　1974年广东省博物馆在饶平县浮滨镇发掘清理出墓葬16座，均为长方形竖穴土坑墓。出土器物以大口尊、圈足壶、豆、凹底罐等陶器和直内戈、梯形锛等石器为基本组合，多样式石戈以及带刻划符号的釉陶构成其遗物特色。从器物特点可见浮滨文化与江西吴城文化及中原地区商周文化有相当密切的关系。

玉玦

西周（公元前1046—前771年）
直径 1.5~5、孔径 0.9~4.4 厘米
惠州市博罗县横岭山先秦墓地 M225 出土

　　八件。玉玦扁薄、规整，素面无纹，抛光细腻。在墓葬中成组出土，大小有序。

　　博罗横岭山先秦墓地发掘于2000年，出土了大量方格纹、夔纹等印纹硬陶（碎片）以及精美的原始瓷器、玉石器、铜器、铁器等，证实了岭南历史上确曾存在过文明程度相当高的青铜时代，具有重大的历史意义，入选2000年全国十大考古新发现。

石牙璋

西周—春秋（公元前 1046—前 476 年）

长 21.3、宽 4.2、厚 0.8 厘米

广州市增城区红花林出土

　　端刃呈"V"字形，器身与柄部交接处两侧凸出两牙，牙上有两道凹槽，呈锯齿状，短柄，柄端有缺。

　　古人崇尚美玉，在诸玉礼器中，璋是众所周知的祭祀重器。

金柄玉环

战国 (公元前 475 年—前 221 年)
金柄：长 2、宽 0.8 厘米
玉环：外径 4.7、内径 1.7 厘米
肇庆市端州区北岭松山古墓出土

　　二件。金柄作长方形镶嵌于环上，柄端有銎，銎内装三棱形铜条。金柄已断，原为配饰的一部分。玉环呈圆形，内外皆为齿棱状，一件玉环两面饰涡纹，另一件玉环两面饰谷纹。纹饰布满全器，平面隐起，其上以阴线旋出螺线，整齐有致。

　　广东省博物馆于1972年发现并清理肇庆市北岭松山古墓，为带腰坑的长方形土坑木椁墓。墓葬出土随葬器物139件，大部分为青铜器，另有陶、金、玉、石、琉璃等器，是广东地区迄今所见先秦时期形制最大、规格最高的一座越人墓葬。

白玉谷纹璧

汉（公元前 206—公元 220 年）
外径 11.3、内径 2.6、厚 0.6 厘米
佛山市经堂铁塔出土

　　青白色。玉璧一面饰谷纹，另一面饰四朵变形云纹。谷纹是
战国至汉代玉璧上常见的纹饰，形似谷粒，饱满凸出。制作时先
以管钻钻出圆形外形，再打蒲格，最后用工具修成谷粒形状。
　　器身满饰谷纹的玉璧称为谷璧，是重要的礼仪用璧。汉代的
玉璧具有祭祀、随葬、佩饰等多个功能。

滑石猪

晋（265—420 年）
高 1.3、长 4.9、宽 0.8 厘米
韶关市出土

　　猪体修长，呈卧姿。首部雕刻长方鼻，口部划一对称线；腹平，四腿前屈；臀部深圆，上有一下垂小尾。

　　本器使用了"汉八刀"的雕刻技法，为汉代特有的雕刻工艺，多见于玉器，特别是玉蝉、玉猪等器形上，湖南、两广地区的滑石资源丰富，这一技法也会使用在滑石器上。"汉八刀"大多通过宽阴线来表达，线条清晰简洁。

玉饰

唐开元二十九年（741年）
最大：长6、宽3、厚0.3厘米
最小：长2.7、宽1、厚0.3厘米
韶关市罗源洞张九龄墓出土

　　七件。颜色褐黄，石质细腻。形状有五角形、云形等，器边有小孔用于系带。

　　张九龄是唐朝著名政治家、文学家、诗人、名相，被誉为"岭南第一人物"。其墓为"古"字形砖室墓，由墓室、通道、耳室三部分组成，墓室作四面攒尖锥形顶式。历史上经历了多次盗掘，1960年经广东省文物管理委员会和华南师范学院历史系清理发掘，共出土随葬器物33件，另有壁画两幅等。

滑石碟

唐开元二十九年（741 年）
高 2、口径 15.1 厘米
韶关市罗源洞张九龄墓出土

石质细腻，呈乳白色。敞口，浅弧腹，圜底。

玉猪

唐天宝十四年（755 年）
高 2、长 5、宽 1.6 厘米
韶关市罗源洞张九皋墓出土

玉色青绿，玉质莹润。猪首短，微上翘，背圆滑，腹部有一道凹槽，身上有几道稍粗的刻划痕迹。

张九皋墓为"古"字形砖室墓，由墓道、封门、通道、耳室和主室五部分组成，历史上经历了多次盗掘，随葬品仅存滑石配饰和瓷器数件。墓主人张九皋是唐玄宗开元年间（713—741年）丞相张九龄的弟弟。

石钱范

南汉（917—971 年）
阳范：长 9.5、宽 8.5、厚 2 厘米
阴范：长 9.8、宽 5、厚 2.5 厘米
阳春市石望镇小峒铁屎径村采集

　　二件。砂质板岩。均作圆角长方形，阳范上有六个圆钱铸模，分列两行，钱文阳列上下左右顺读为"乾亨重宝"。阴范上有三个圆钱铸模，素面无字。阴范和阳范一角有穿圆孔，应是合范后固定钱范之用。

　　与钱范共存的遗物有青釉瓷器、铅锭以及大量的废弃炉渣，可见该地是铸造铅钱的作坊。"乾亨"为南汉皇帝刘龑在位时期的年号（917—925年）。刘龑在即位之时，就开始铸"乾亨重宝"铜钱，随后因缺少铜料，在铸铜钱的时候也铸铅钱，并规定广州城内使用乾亨铅钱，广州城外才准用乾亨铜钱。阳春产铜，地点不在广州城范围内，属于铜钱流行地区，故该钱范所铸钱币应是铜钱。

金属器

青铜戈

商晚期（公元前 1300—前 1046 年）

通长 17.5、援长 13.3、宽 3.6 厘米

潮州市饶平县联饶镇顶大埔山出土

　　平内长援，援狭窄，隆脊有棱，两侧有刃，无胡。援与内之间有一道不大明显的阑，援部阑侧有一圆穿，内亦有一圆穿。

　　此青铜戈是一件原始型铜戈，与中原地区的青铜戈有明显区别，是广东地区发现的早期青铜器。

　　顶大埔山商代墓葬位于饶平县联饶镇深涂村的丘陵坡地，1974 年发掘，共清理墓葬五座，其墓葬形制和出土器物特点与浮滨塔仔金山墓群相同。

青铜戈

青铜戈

西周（公元前 1046—前 771 年）
通长 27.5、援长 14.5、通宽 12.2 厘米
惠州市博罗县横岭山先秦墓地 M182 出土

　　长援，援背略拱，援中起脊，前锋圆锐，援基两面有凸起的由云纹线条构成的兽头纹。胡三穿，后端变厚。内宽长，略下垂，边缘齐平，后端下角有缺齿。内后部两面纹饰相同，一周云纹构成长方形边缘，中间为变形夔纹。

青铜甬钟

西周（公元前 1046—前 771 年）
高 30、铣径 15.5 厘米
惠州市博罗县横岭山先秦墓地 M182 出土

　　甬下部有宽扁状旋，正面一侧与甬间置辫索状斡，近衡处两侧有圆形对穿。甬中空，与钟腔相通，甬内有铸造残留的铜渣。钟体呈合瓦状。两面共有36个枚，头为双叠圆台形。钲部饰长翼蝉纹，篆间为斜角云纹，钟体两面纹饰略有差异，正面细致，背面稍粗糙。正面鼓部饰相对双鸟纹，背面正鼓部及舞部饰云纹。

青铜鼎

西周（公元前 1046—前 771 年）
高 21、耳高 5.5、足高 8、口径 22.2 厘米
惠州市博罗县横岭山先秦墓地 M201 出土

　　敞口，折沿，沿上有一对方形立耳，浅垂腹，圜底近平，下承三足，其中一足残。腹底三足间有三角形凸起，为范缝。三足相对距离较近，足直，断面呈半环形，中空，足跟较粗，足端外撇。双耳和三足呈五点式分布。腹部纹饰呈带状，以雷纹为地，上饰涡纹、回首夔龙纹和四瓣目纹，足根为兽头状。底部有烟熏痕迹。

兽面纹青铜盉

西周（公元前1046—前771年）
通高26.6、通长33.5、宽19.5、口径14.2厘米
信宜市松香厂工地出土

　　由盉盖和盉身两部分组成。盉盖隆起，上饰立体龙纹。盉身似鬲，一侧置一流，呈曲体龙形，龙头双耳向后挺立，仿佛龙在云中奔腾，极具动感。另一侧置鋬耳，由两个镂空的夔龙相合而成，两龙之间以小圆柱相连，上部的小圆柱刚好被盉身铸的一条小龙咬住，这样的设计利用了重力原理，具有一定的科学性。周身饰有龙纹、斜角雷纹、雷纹、饕餮纹以及夔龙纹。因其出土于信宜市，也被称为"信宜铜盉"。

　　这件青铜盉是广东地区首次发现的西周青铜盉，它的形制和花纹都具有强烈的时代特征，纹饰与已著录的龙纹盉较为相似。它造型优美，形体厚重，花纹繁密，铸造精细，并具科学性，为广东出土的最精美的古代青铜器之一，是我国古代劳动人民智慧的结晶。此器的出土，为研究我国岭南地区秦汉以前的历史和文化提供了实物资料。

兽面纹青铜盉及局部

人首柱形青铜饰

东周（公元前 770—前 256 年）
高 31、长 3.6、宽 3.4 厘米
清远市清新区马头岗出土

　　呈长条形，上宽下窄。顶端似人的半胸像，头顶端凸起一条约 0.5 厘米高的棱带，人首的额部刻有"丫"字形花纹，双耳穿孔，胸部刻有"弖"形花纹。底部左右各有一个 1 厘米的方孔。

　　人首柱形青铜饰是岭南地区特有的一种器物，目前学术界对于其功用尚无定论，主要有车饰、棺架柱头饰、仪仗用器、特殊的陪葬器物等说法。

羽状云纹青铜罍

东周（公元前 770—前 256 年）
高 33.6、口径 22.8、腹径 40、底径 17.6 厘米
清远市清新区马头岗出土

　　直口，平沿外翻，高颈，圆腹，圈足，腹部置一对纽耳，纽耳各有活动的环耳。肩腹部饰绳索纹，划分为三行二十四格，每格内均饰以二行四组浮凸的羽状云纹，足部亦饰一周绳索纹。
　　羽状云纹是楚器最为盛行的纹饰之一。

青铜钲

东周（公元前 770—前 256 年）
高 24、柄长 10.3、顶径 11.6、口径 13.3 厘米
清远市清新区马头岗出土

钲修长，素面。合瓦形腔体，内有四根半圆柱状音梁。平舞，舞面中心置圆柱甬，甬下部两侧有双斡。直铣，平口。

青铜人面匕首

春秋（公元前 770—前 476 年）
长 16.5、宽 6 厘米
韶关市曲江区马坝镇石峡遗址出土

　　匕首身部呈长三角形，上宽下窄，两面有中脊，直通到茎，扁茎较短，上端有一圆穿。两面各铸刻一人面纹，圆头颅，浓眉大眼，张口竖耳，其中一面的人面纹头上饰两组方形云雷纹。

春秋（公元前 770—前 476 年）
长 16.5、宽 6 厘米
韶关市曲江区马坝镇石峡遗址出土

青铜錞于

春秋（公元前 770—前 476 年）

高 51.5、顶长径 21.2、顶短径 19.2、口长径 27.2、口短径 21.3 厘米

河源市连平县忠信镇坝上彭山出土

　　形状上大下小，横断面为椭圆形。肩宽，肩以下内收，口部稍外撇。顶部纽座饰斜格纹，肩部饰一周绳纹和勾连纹，下饰26组三角形纹，口部花纹与肩部相同。两侧鼓面饰虺纹，由八条大小不同的蛇盘绕而成，蛇头有双眼，身披鳞片，十分逼真。其他部分为素面。

　　錞于是我国古代的一种青铜打击乐器，最早出现于春秋，盛行于战国两汉，其用途主要有两种：一是用于战争，即作战时将錞于与编钟、铜钲或铜鼓等配合使用，以此来调动部队或鼓舞士气；二是用于诅盟、祭祀等重大礼仪活动。

勾连雷纹青铜编钟

战国（公元前 475—前 221 年）
高 35.5~57.3、铣径 15.2~24.3 厘米
肇庆市端州区北岭松山古墓出土

　　一组六件，形制相同，大小有别。甬作高筒形，体扁而宽，上有绳索式的斡。钟体两面共置36个柱状枚，于为月牙形。正面鼓部饰两组勾连雷纹，背面鼓部无纹饰。

战国（公元前 475—前 221 年）
高 35.5~57.3、铣径 15.2~24.3 厘米
肇庆市端州区北岭松山古墓出土

勾连雷纹青铜编钟及局部

二足青铜盘

战国 (公元前 475—前 221 年)
高 10、口径 37 厘米
肇庆市端州区北岭松山古墓出土

　　直口，直身，口与底大小相近，下承三个兽头蹄形足，器身对称置一对兽首衔环。器身花纹细致，以上下相对的钩形羽状纹为主体，羽状纹内有纤细的"S"形圆涡纹和三角涡纹，出土时涂有一层很厚的漆。

错银青铜罍

战国（公元前 475—前 221 年）
通高 22、口径 14.9、通宽 25.5、底径 14.8 厘米
肇庆市端州区北岭松山古墓出土

　　由器盖和器身两部分组成。盖上有纽，纽上有环。器身口平，沿宽厚，颈稍高，肩缓平，腹圆，平底加圈足。肩置双环耳，双耳铺首做鸮头形。盖、口沿、颈、肩、腹和圈足上皆饰错银花纹，花纹由相勾连的飞鸟和云气纹组成，轻快流畅，生动活泼，细线错银，粗线填朱漆。

　　此器形制、花纹接近长江流域出土的楚器。

蟠螭纹双耳青铜鉴

战国（公元前 475—前 221 年）
高 14.2、口径 36.5、底径 21 厘米
罗定市太平镇南门峒出土

　　直口，平沿，微鼓腹，平底，下承三个乳状短足，肩腹部饰细密的蟠螭纹。双耳，耳上有当，当上饰蟠螭纹组成的兽面纹。

　　这件铜鉴与湖南楚墓、安徽寿县蔡侯墓、湖北随州擂鼓墩1号墓出土的铜鉴形制相似，具有春秋晚期至战国早期楚器的典型特点。

蟠首青铜盉

战国（公元前475—前221年）
通高29、通宽29.8、口径12厘米
罗定市太平镇南门垌M1：7出土

　　子母口。盉盖平，有纽；盉身直口，圆肩，圆腹，圆底，三足。盉盖饰四周"S"形纹组成的带状纹，盉肩部和下腹部分别饰两周三角纹，其间饰两周"S"形纹组成的带状花纹和三周绳索纹，三足饰蟠螭纹。肩部置一半环状龙形把，把上以"S"形云纹为地，把前端为饰有双角和蟠螭纹的龙头，后端为龙尾，其间置前后两脊，有一链与盖相连。盉身一侧置一流，流口为兽头形，张口竖耳，流上饰细雷纹。盉身另一侧置蟠螭纹组成的鋬耳。
　　此青铜盉具有强烈的楚文化风格。

蟠首青铜盉局部

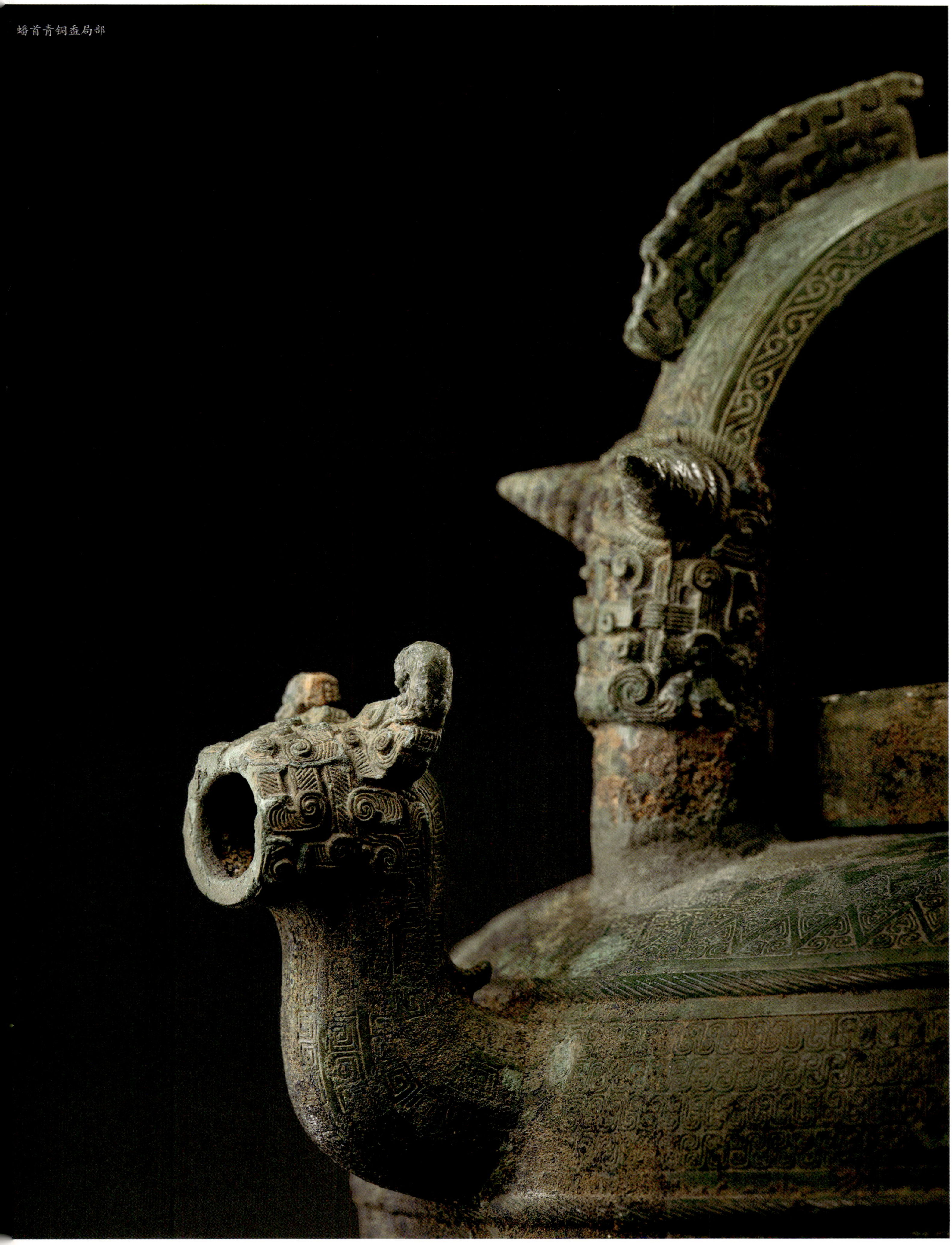

青铜斧

战国（公元前 475—前 221 年）
长 7.3、宽 3.5、厚 1.7 厘米
肇庆市广宁县铜鼓岗战国墓 M16 出土

　　长方形銎口，浅弧刃，刃部锋利。
　　广宁铜鼓岗共清理22座战国时期墓葬，均为竖穴土坑墓，随葬品以青铜器数量最多，种类有鼎、剑、矛、钺、镞、斧、刀等，以兵器和工具为主。墓葬形制和随葬器物的特征显示墓主人可能属春秋战国时期百越族群中的"西瓯"族。

青铜匕首

战国（公元前 475—前 221 年）
长 7.3、宽 3.5、厚 0.9 厘米
肇庆市广宁县铜鼓岗战国墓 M14 出土

　　扁茎，茎上有一穿，匕身修长，其中间部位双面铸凸起长棱直通援部。该匕首做工精细，双刃锋利。

青铜匕首

战国（公元前 475—前 221 年）
长 7.3、宽 3.5、厚 0.9 厘米
肇庆市广宁县铜鼓岗战国墓 M14 出土

青铜靴形钺

战国（公元前 475—前 221 年）
高 9、刃宽 12、銎径 3 厘米
肇庆市德庆县马圩公社凤村 M1 出土

  呈靴形，长柄，椭圆形銎，平肩，尖跖圆踵，弧刃上翘。

  本器出土地点位于桂江下游、西江中游一带，属西瓯人活动区域，靴形钺是当地先民的遗物。钺是用于劈砍的兵器，岭南地区的铜钺器形较小，形式多样，其中靴形钺是南方地区不对称钺的一种，发现于中国云南、广西、广东、湖南以及越南等地。

鎏金青铜卮

西汉（公元前 206—公元 25 年）
通高 15.5、口径 11.5、底径 11.4 厘米
韶关市黄泥塘 M12 出土

　　直身圆筒状。由器盖和器身两部分组成。器盖中央由四朵云纹组成纽座，座外铸三只立鸟状扁纽。器身铸两组六行环圈，器底铸熊形矮柱足。通体鎏金，现已大部分剥落。纽采用插栓方法镶嵌，即先在器身开孔，把纽插进去，再于器身内用铜条横穿固定。熊形柱足表现了熊头部的形象，两只大眼正视前方，炯炯有神；两只耳朵转向前方，似在配合眼睛探寻情况；两只后爪紧紧抓住柱足的边沿，想要推动身体向前，从柱足中爬出；两条强壮的前臂和两只前爪也在积极配合。

　　熊的形象与南越王宫署遗址出土的熊形踏跺非常相似，应为汉文化盛行于岭南地区的表现。

鎏金青铜厄局部

鎏金铜饼

东汉元初五年（118 年）
直径 6.5、厚 1.7 厘米
肇庆市德庆县新墟公社大辽山东汉墓 M2 出土

　　铜质，器表鎏金，出土时表面遗留绢痕。圆形，面凸底凹，形制与同时代金饼相同，推测为仿造金饼的明器。

　　1975年德庆县大辽山发现一座长方形土坑墓，墓地铺细砂，砂上铺木炭，尸骨和葬具无存。出土有鎏金铜饼、龙凤鱼虫纹青铜案、铜洗、银指环、松香珠等遗物，随葬铜洗上的铸造时间是东汉安帝元初五年。此墓为东汉后期夫妻合葬墓。

银指环

东汉元初五年（118 年）
直径 1.9 厘米
肇庆市德庆县新墟公社大辽山东汉墓 M2 出土

　　银质，已氧化为灰黑色。环体上压扁一小部分成为戒面，戒面扁平稍薄并宽于环体，呈纺锤形。整体无纹饰。

　　手指装饰品在新石器时代就已经出现。人体手指部位的装饰品主要是戒指，在考古学描述中，按照装饰部位和形状也称为指环，从元代起称为戒指。

组为"S"形云纹，第二组为菱形纹，第三组为对称的龙凤纹，第四组为菱形纹，第五组为锯齿形纹，第六组为"S"形云纹，第七组为鱼凤纹。七组花纹中，除中心的鱼凤纹外，每组花纹的四角均刻一只昆虫，其中第三组的四只昆虫与龙凤一样显著突出。

这件青铜案花纹精致，形象生动。龙纹与同时代的画像石、画像砖和铜镜上的龙纹风格相似。凤纹写实，像南方常见的孔雀。鱼的刻画逼真，酷似鲤鱼。虫在整体图案中占有显著地位，据专业鉴定，这种虫可能是龙虱。在福建和广东等地区，普遍认为龙虱具有食品兼滋补药品的功能，可见早在东汉时期广东人就已经对它有了相当程度的认识。

七乳青铜镜

东汉（公元 25—220 年）
直径 19.5、厚 0.9 厘米
韶关市出土

　　圆形，圆纽，纽外一周饰一龙二虎。内区的四蒂叶纹乳座、七乳与龙、虎、鸟等禽兽相间环列。外有一周铭文："张氏作竟（镜）宜侯王，家当大富乐未央，子孙备具居中央，长保二亲世世昌，为吏高迁带青黄。"铭文外依次环饰短线纹、锯齿纹以及图案化的鸟兽纹。

青铜壶

东汉（公元 25—220 年）
高 33.7、口径 11.4、通宽 26.5、底径 19.7 厘米
连州市附城镇良江村 M1 出土

　　盘口，长束颈，扁鼓腹，高圈足外撇。颈附对称两环耳，其中一环残缺。肩部亦附对称两环耳。腹部饰数道弦纹。通体锈蚀。

　　壶可以是酒器，也可以是盛水器。据相关考古及研究资料显示，"壶"这一器形早在新石器时代早中期就已出现，由最初的礼器发展成为东汉时期的日用器具。

银镯

东汉（公元 25—220 年）
直径 6.7 厘米
佛山市禅城区澜石大松岗 M10 出土

　　横截面呈圆形，光素无纹。形制简洁，制作简单，这种造型的银镯多出现在东汉以后。

　　佛山市澜石墓群位于佛山澜石大松岗、八仙岗。1961—1979年共清理东汉中晚期墓葬100余座，墓室分土坑墓、砖室墓两种，形制有长方形、"中"字形、"卜"字形、"十"字形等。出土随葬品以陶器为主，有房屋、井、灶、六畜、女舞俑及水田附船模型等，多薄施青釉或青黄釉。出土少量铜器，计有镜、剑、五铢钱等，饰物有玛瑙珠、琉璃珠等，并有铁器及漆器的残迹。

盘口双耳四蛙青铜鼎

汉（公元前 206—公元 220 年）
高 75、口径 38 厘米
云浮市石洞镇托洞乡龙山岗出土

　　盘口，口沿上立双耳；直颈，颈部置一对半月形錾耳；圆肩，肩上饰四蛙及四周细弦纹；鼓腹，上饰五周细弦纹；平底，下置三个高足，足弓形外撇，立面各饰两菱形纹。器形铸造粗犷，纹饰朴实无华。

　　此器形虽然与广东出土的战国至西汉早期的盘口鼎相似，但装饰花纹与当地出土的铜鼓相同，具有古越族器物特征。

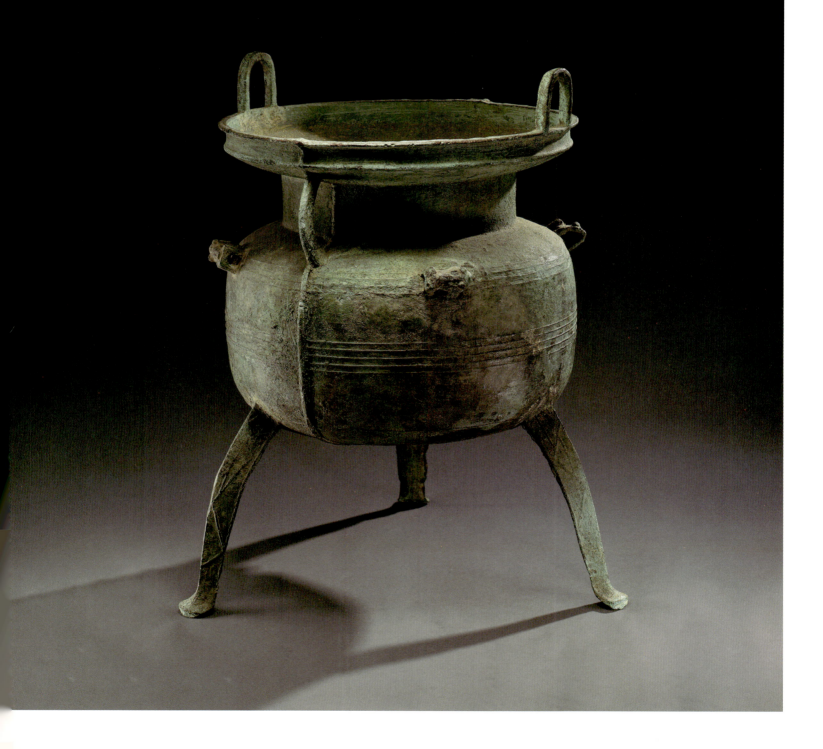

萨珊王朝花叶鸟鱼纹窝形金器

南朝（420—589 年）
高 7.2、口径 8.3 厘米
湛江市遂溪县出土

　　敛口，弧壁深腹，圆尖底。器表通体錾刻花纹，近口沿处刻一周栅纹，其下饰一周忍冬纹，中腹部以忍冬花纹为地饰一周七个图案，分别为鱼、鸟、飞凤、飞仙及三朵花叶，下腹部亦饰一周忍冬花纹，底部饰蒲公英花纹。纹饰精细，堪称佳作。

铜碗

隋（581—618 年）
高 4.6、口径 14.7 厘米
连州市出土

直口，弧腹，圜底。外壁近口沿处刻划一周双弦纹，内壁口沿及腹部各刻划一周双弦纹。

镂空雕金佛字

北宋（960—1127 年）
直径 2 厘米
肇庆市高要区连塘镇北宋墓出土

　　圆形镂空，中间为楷体"佛"字。金片较薄，似在织物
上使用。

银铤

南宋（1127—1279 年）
长 9.2、腰宽 4.1、厚 1 厘米；每件重 453.5 克
南雄市大塘公社延村冯宠文家出土

　　17件。呈扁平状，弧首，束腰，正面微凹，有波纹，背面
布满蜂窝状气孔。正面四角依次戳印"霸北街西"等铭文，中
部左右分别有"重拾贰两半""苏宅韩五郎""京销银""建
康卢八郎"等戳记。"霸北街"位于南宋临安府。此银铤属
十二两半型。
　　银铤的铭文与当时的货币经济紧密相关，汉代铭文文字
少，唐代开始文字增多，宋代铭文包含用途、地点、成色、匠
人等信息。

呈灰黑色，长方形，表面有锈蚀残损孔。此为印制纸钞的钱版，铸铭阳纹及反体阳文，文字均作楷体。上端自左至右横铭"至元通行宝钞"，左右角各有一纹饰。下为一周凤鸟花卉纹，中间铸铭文字，分为上下两个部分。上部中央为"贰贯"两个大字，其下各饰一串铜钱纹，左右各有一行八思巴文及两个汉字，右边为"字号"，左边为"字料"。下部共有十一行竖文，自左而右、自上而下依次为"尚书省奏准印造至元宝钞宣课差发内并行收受不限年月诸路通行宝钞库子攒司印造库子攒司""伪造者处死""首告者当银伍定仍给犯人家产""至元年月日宝钞库使副印造库使副尚书省提举司"。

中国使用纸币始于北宋，元代发行纸币较多。至元宝钞为至元二十四年发行。元末滥发纸币，纸钞几乎等于废纸。

龙首鎏金发簪

明正德三年（1508 年）
长 11.6、宽 1 厘米
潮州市潮安区桃坑鸭口坑山明代刘易庵夫妇墓出土

　　银质，通体鎏金，现一半已脱落。簪头较粗为龙首形，高额深目，龙嘴大张。簪末端纤细尖锐，圆润光滑。

鎏金分心

明正德三年（1508 年）
长 11.6、宽 3.3 厘米
潮州市潮安区桃坑鸭口坑山明代刘易庵夫妇墓出土

　　银质，通体鎏金，部分脱落露出银胎。正中为一朵稍大的五瓣花，两侧各有三朵相似的小五瓣花并列，花朵周围环绕花叶，最外层饰以祥云。该器左右有孔，可连缀系带，是作为装饰的弧形环带状发饰。

葫芦形金耳环

明（1368—1644 年）
通长 3、通宽 2.7、坠子长 1.4、坠子宽 0.7 厘米
东莞市桂子岭 M2 出土

　　一对。耳钩呈大弯钩形，下连葫芦形饰物，由两颗金珠组成，中空，上小下大，光面无纹饰。
　　葫芦是一种很古老的蔓生植物，其枝茎蔓延，外形浑圆饱满且多籽，象征家庭美满、多子多孙，明代盛行葫芦耳环，也是因其吉祥寓意。

鎏金分心

明正德三年（1508 年）
长 11.6、宽 3.3 厘米
潮州市潮安区桃坑鸭口坑山明代刘易庵夫妇墓出土

金首饰

明（1368—1644 年）

挑心：长 5.8、宽 5.8 厘米
分心：长 11.5、宽 2.1 厘米
花钿：长 13 厘米
鬓钗：长 10.2、宽 0.9 厘米
小插：长 2.3、宽 2 厘米
耳环：高 6、通宽 2.1 厘米
普宁市墓葬出土

　　成组出土，共八件，包括挑心、分心、花钿、鬓钗、小插、耳环，是配合鬏髻使用的一副头面。鬏髻是明代女子戴在发髻上的发罩，兼具束发和装饰作用。

　　挑心主体部分以一个"寿"字为框架，"寿"字上半部分的笔画设置成西王母的高座和脚踏，其上端坐戴冠的西王母。座下两侧，即"寿"字之"口""寸"，前方分别有一个云朵托起的小花台座，上分立金童玉女。挑心周缘雕祥云缭绕和绽放的牡丹，牡丹花心做成三爪或四爪的镶托用以镶嵌宝石，上下左右各有一颗红宝石，其余脱落。挑心背面原应有簪脚，现已缺失。明代工艺品中，西王母是祝寿祈福的常见题材，这件挑心以"寿"字为底衬点明寓意，祈求长寿富足。

　　分心主体纹饰为凤穿牡丹，边缘做成花瓣形。正中饰一朵大牡丹花，左右两侧对称分布一大一小两只穿花凤，大凤舞于花上，小凤回首曲颈。分心背面原应有簪脚，现已缺失。

　　花钿背面以一根银条贯通，银条两端做成弯钩用以系带，花钿和银条以细金丝绑结在一起。主体纹饰为29朵牡丹花，边缘上部呈花瓣形，下部呈锯齿形。

　　鬓钗与分心主题呼应，纹饰极为相似，原应为一对，另一支遗失。钗首装饰一大一小两对凤穿牡丹纹饰，大凤舞于花上，小凤回首盘旋，最末一朵牡丹花心立小虫一只，钗首尽头一只蜜蜂正欲闻香采蜜。

　　小插为一对。呈瓜形，大瓜两侧各有一个小瓜。一只小鼠伏于大瓜之上，小鼠身体和尾巴雕出细腻鼠毛，眼部钻出眼眶，似乎原应嵌宝珠，现已遗失。一只蜜蜂落于瓜尾处，蜂翅錾刻细线，灵动活泼。

　　耳环为一对。顶覆金瓜叶，两个八瓣瓜棱的金珠相缀成葫芦形，小金珠上部有与瓜棱相对应的覆莲瓣纹，连接大小金珠的亚腰处制成八瓣的仰莲和覆莲，下端以圆形金叶托底。

挑心

簪钗

小插

分心

小插

花钿

耳环

南极老人挑心

明（1368—1644 年）
长 2.8、宽 2.8 厘米
普宁市墓葬出土

　　挑心簪首呈三角形，由一片薄金片錾打出浮雕效果。主体纹饰为南极老人，老仙翁盘腿端坐于三层莲座上，仙人长头长须，身着交领长衫，一手抚膝，一手执物，仙人左右及背后雕刻花卉。挑心背面原应有簪脚，现已缺失。南极老人是长寿的象征，这件挑心祝寿主题突出。

蝶赶花鬓钗

明（1368—1644 年）
长 13.8、宽 1 厘米
普宁市墓葬出土

　　钗身为扁锥形薄片，中间起棱，头部一道弯梁与钗首连接。钗首饰抽象的蝶赶花纹饰，两只蝴蝶围绕绽放的花朵相对而立，从钗首至钗身中部边缘有直线阴纹，并饰抽象的缠枝花卉。

银锭

明（1368—1644 年）
直径 2.7 厘米
肇庆市封开县出土

外观呈不规则小船状，上宽下窄，正面下凹，有数周弦纹，边沿起翘。底部圆弧状，带蜂窝孔。银锭在浇铸过程中因溶液含有氧气，在底部形成气泡，故冷却后会出现蜂窝状小孔。

在明代的货币体系中，白银与铜钱并用，铜钱用于一般的日常支付，白银用于大宗交易。实际使用时先确认银锭的重量和成色，若支付时金额低于银锭价值，就用夹剪将银锭分割成更小的银块，误差部分以铜钱折算。此批银锭部分有明显的分剪痕迹。

铁象尊

明（1368—1644 年）

高 24.5、长 40.5、宽 16 厘米

韶关市始兴县城郊赤土岭东坡 M2 出土

　　象形，象鼻下垂，象目圆睁，象背开一圆孔，象身覆海水祥
云纹搭被，象尾贴身上翘，四足站立。

铜铳

明（1368—1644 年）
长 30~36.3、口径 3.5~4、尾径 3~3.5 厘米
肇庆市高要区蚬岗镇八联村采集

　　五件。铜铳呈圆筒状，有前膛、药室和尾銎。铳身较长，上铸凸起固定铜箍五到六个。铳口内径2.3厘米，药室外鼓呈椭圆形，后端有一圆形小孔可插入引火线。部分铳身上铸有"官""胜"等字样。尾銎内径2.3厘米，可安装木柄。

　　广东高要出土的这批铜铳，重量较其他地方出土的铜铳轻，更适宜随身携带，反映了手铳制造技术的改进。

铜铳

明（1368—1644 年）
长 30~36.3、口径 3.5~4、尾径 3~3.5 厘米
肇庆市高要区蚬岗镇八联村采集

铜带铐

清康熙四年（1665 年）

长 6.1~6.4、宽 5.2~5.4 厘米

梅州市大埔县吴六奇墓出土

　　四件。均为长方形，其中两件置扁圆悬扣。正面分四格，白色石英作底板。铜铐边框上铸有剑、葫芦、芭蕉扇、元宝、文书、铜钱等八宝纹图案，中心小框铸有对称的蝙蝠四只，中央置一凸起铜空心纽，镶嵌宝石缺失。纹饰精美，做工精致。

　　吴六奇为清初挂印总兵，在明清两朝都担任要职。墓葬还出土了三组共计137件陶明器，包括人物俑、家具、生活用具等，可部分还原墓主人生前衙署办公、起居生活等情景。

陶瓷器

陶瓷

三足陶盘

新石器时代晚期（约公元前 3000—前 1500 年）
高 10、口径 16 厘米
韶关市曲江区马坝镇石峡遗址出土

　　泥质黄褐陶。直口，浅盘，圜底，下附三角形足，足上饰圆形镂孔。

　　三足盘是石峡文化常见的陶器，为盛食器。

白陶鼎

新石器时代晚期（约公元前 3000—前 1500 年）
通高 21.6、口径 8.4、腹径 13 厘米
韶关市曲江区马坝镇石峡遗址 M10 出土

　　细泥陶质，器表白色泛黄。子母口。盖作覆豆式，喇叭形盖纽穿三孔。器身口微敛，束颈，削肩，扁圆腹，圈底，梯形足，足各穿三孔。为盛食器。

彩陶圈足盘

新石器时代晚期（约公元前 3000—前 1500 年）

高 5.2、口径 17.5、底径 13.5 厘米

珠海市淇澳岛出土

　　黄褐色胎。直口，圜底，下附宽大的圈足。足部有镂孔，装
饰有红彩及刻划纹饰。

大口陶尊

商晚期（约公元前 1300—前 1046 年）
高 40.5、口径 27.3、腹径 28、底径 8.2 厘米
潮州市饶平县浮滨镇塔仔金山 M1 出土

　　泥质灰黄陶。敞口，束颈，折肩，深腹斜收，圈底。颈部饰弦纹，腹部饰细条竖纹。
　　饶平墓葬出土的这批文物所反映的浮滨文化，属于闽南粤北地区青铜时代独特的文化类型，大口陶尊是浮滨文化的典型器物。

夔纹圜底陶罐

春秋（公元前 770—前 476 年）
高 30.5、口径 13.5、腹径 35 厘米
梅州市五华县出土

　　灰褐色泥质硬陶。敛口，鼓腹，圜底，上腹部对称置四个桥
形耳。从上至下依次装饰双"F"纹（夔纹）、菱格纹、双"F"
纹（夔纹）、小方格纹等四周纹饰带。

漩涡纹圜底陶罐

春秋（公元前 770—前 476 年）
高 23、口径 18、腹径 26.5 厘米
惠州市博罗县横岭山先秦墓地 M85 出土

　　褐色泥质硬陶。敞口，束颈，鼓腹，圜底。上腹部装饰漩涡
纹，下腹部及底部饰小方格纹。

"米"字纹大陶瓮

战国（公元前 475 年—前 221 年）
高 55、口径 28、腹径 42.5、底径 24 厘米
肇庆市广宁县铜鼓岗战国墓出土

　　泥质灰陶。敞口，短颈，溜肩，鼓腹，下腹斜收，底内凹。
通体无釉，质粗体重。颈、肩、腹部拍印"米"字形花纹，纹饰
清晰，造型朴拙，是研究广东地区印纹陶的典型器物。

陶鼎

东汉（公元 25—220 年）
通高 22、通宽 21、口径 15 厘米
佛山市南海区平洲马祠堂 M4 出土

泥质黄褐陶，釉面大多剥落。子母口。盖中部置一乳形纽及三个环形纽，刻划十字弧线组合纹。鼎敛口，折肩，鼓腹，平底，下附三足外撇，肩两侧置对称叶脉纹附耳，腹部饰两周凹弦纹。

陶壶

东汉（公元25—220年）

通高 28、口径 12、腹径 20.5、底径 12.7 厘米

佛山市澜石鼓颡岗 M12 出土

　　泥质黄褐陶。由器盖和器身两部分组成。盖附一圆纽，盖面刻划弧线纹。壶盘口，束颈，溜肩，鼓腹，圈足。肩部对称置双耳及两铺首，壶身饰四周弦纹，圈足上部有两小孔，起到穿绳提拿的作用。

陶簋

东汉（公元 25—220 年）
通高 17、盖口径 18.6、簋口径 22.4、簋底径 12.3 厘米
广州市增城区金兰寺东汉墓 M1 出土

　　由器盖和器身两部分组成。器盖呈弧形隆起，顶端设一圆形
凸起平台，中心饰双环纽。器身敞口，深弧腹，圈足。口沿饰一
周镂空竖长方形和上下对称的小圆孔，上腹部压印凹道一周。

　　金兰寺遗址位于广州市增城区石滩镇金兰寺村，1958年广东
省文物管理委员会和中山大学历史系合作，在该遗址上发现一座
土坑墓，编号为M1。其出土的双耳罐、直身罐与广州动物园东
汉建初元年墓、广州东山象栏岗第二号木椁墓出土同类型器极为
相似，应为东汉前期墓。

陶鸡

东汉（公元 25—220 年）

高 7、长 14.5、宽 9 厘米

佛山市南海区盐步 M1 出土

　　泥质红陶。鸡呈卧跪姿，鸡冠高耸，脖向前伸，胸部挺起，两翅膀附贴身上，翘尾扬动，鸡遍体刻划斜线纹以示羽毛，造型生动活泼。

　　陶鸡是汉代墓葬中很常见的陪葬品。广东汉墓中出土有鸡、鸭、猪、狗、牛、羊等动物俑，表明这些是当时先民普遍养殖的动物，"六畜兴旺"是农业社会的理想场景。

陶鸡

东汉（公元 25—220 年）

高 7、长 14.5、宽 9 厘米

佛山市南海区盐步 M1 出土

陶牛

东汉（公元 25—220 年）
高 12.6、长 21.5、宽 11 厘米
佛山市禅城区澜石大松岗 M1 出土

　　泥质红陶。两牛紧挨，呈跪卧姿，母牛低头，小牛昂首，母子亲昵。形象生动逼真，场面温馨和谐。

　　牛在田间劳作、交通运输、生产生活等方面发挥着十分重要的作用。两汉政府极力倡导"畜猪狗，卖以买牛"的护牛政策，同时大力推行铁工具加牛耕的新型耕作技术，极大地推动了生产力的发展。

陶水田附船模型

东汉（公元 25—220 年）
水田：通高 9、长 39、宽 29 厘米
船：通高 5.5、长 21.5、宽 7.5 厘米
佛山市禅城区澜石大松岗 M14 出土

水田与船一同出土，出土时船在水田的右方，相距较近。

田面被田埂分成六方，每方内有一人劳动。左列第一方内，左侧地上放一"V"形犁，右侧一人头戴斗笠作扶犁耕田状；左列第二方内，一人执镰躬身收割；中列第一方一人坐在田埂上磨镰，田里堆有禾堆；中列第二方，一人扶犁耕作，前方有"V"形犁；右列第一方内一人插秧，正直腰休息，地上饰篦点纹表示禾苗；右列第二方内有一个脱粒的小孩和三个禾堆。除右列第一方外，都划有水波纹。

船两头翘起，呈新月形。船身被两道板隔成前、中、后三个舱，中舱内有一圆形小篮。

陶水田模型反映了先民已掌握育秧移栽和牛耕技术，水稻种植实行了两造制，显示出广东汉代农业耕作技术的发展进步。

陶船模型

东汉（公元 25—220 年）
通高 20、长 54、宽 17 厘米
肇庆市德庆县高良镇官村出土

　　泥质灰陶，表面呈橙红色。船首尾翘起，底平，说明此为内河或近海航行船只。船分前（头舱）、中（楼舱）、后（舵楼）三部分，楼舱盖呈殿顶状，两侧有对称窗户，前后各有一人。

　　陶船上层建筑、船舶属具、主船体结构等特征，反映了东汉水上交通设施的发展程度，表明东汉时期岭南船舶在灵活性、稳定性、抗沉性、快速性上都有所加强，对研究我国历史上南方造船业、交通运输及对外贸易往来都有重要价值。

三合式陶作坊

东汉（公元 25—220 年）
高 22、长 30、宽 29 厘米
佛山市南海区平洲出土

　　由前堂、后室和天井构成。前堂内四人作劳作状，门口左边有一人持棍站立，似守门，右边狗洞里钻出一狗在张望，另一人赶三羊进圈。天井为禽舍，一人向内倒食，其内两猪呈跪卧进食状。

　　三合式房屋是汉代岭南地区常见的建筑类型，其作为随葬品多数在东汉中期以后的大型砖室墓中发现，说明墓主人有一定的社会地位。

陶屋

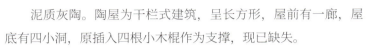

汉（公元前206—公元220年）
高30、长23.5、宽18厘米
佛山市南海区平洲马祠堂M4出土

泥质灰陶。陶屋为干栏式建筑，呈长方形，屋前有一廊，屋底有四小洞，原插入四根小木棍作为支撑，现已缺失。

岭南地区地势低洼，河流众多，天气潮湿炎热，且常有虫蛇猛禽出没。先民为适应当地气候，改善居住环境，建造了具有地方特色的干栏式建筑，既能通风防潮，又具有良好的安全性。

陶鸮尊

汉（公元前 206—公元 220 年）
通高 11.1、通宽 16、口径 7、底径 7 厘米
佛山市南海区平洲马祠堂出土

尊呈鸮（猫头鹰）形，子母口。盖为鸮首形。器身直口，斜肩，折腹，平底。肩部左右对称贴塑翅膀，后侧贴塑鸮尾，底部贴塑泥条鸮爪，其中一爪缺。盖、肩、腹、翅膀与尾部刻划圆窝纹以示羽毛。施青釉，釉多剥落。

鸮在上古时期被认为是通神的动物，仰韶文化有陶鸮尊，商代有铜鸮尊，把祭器做成鸮的形状，就是期望借助鸮来通达神灵。

陶盒

汉（公元前 206—公元 220 年）
通高 9、口径 10.9、底径 5 厘米
广州地区出土

　　子母口。盖上有下凹杯状纽，器身直口，直壁斜收，平底内凹。盖纽周围饰一周斜篦点纹，外环两周弦纹，弦纹中间饰五个"X"形篦点纹，口沿处亦饰一周斜篦点纹；器身口沿处饰一周带状波浪纹。

陶钫

汉（公元前 206—公元 220 年）
高 42.5、口长 12.5、口宽 12.5、腹长 22、腹宽 22、底长 12、底宽 12 厘米
广州市出土

　　呈方形，口微撇，长颈，斜肩，鼓腹，平底。肩部对称置一对衔环铺首，另有双贯耳可穿绳。

陶犁田耙田模型

西晋（265—317 年）
高 10、长 19、宽 16.5 厘米
连州市连城镇龙口村出土

　　呈长方形，四角各有一漏斗状装置，中间一田埂将耕地分为两部分，一人赶牛犁田，一人赶牛耙田，相向而作。

　　此模型中的耙属锄耙类，下有六个较长的齿，上有横把。这类耙主要用于南方水田地区，在水田中兼具平整和搅拌田泥的作用。畜拉锄耙的出现，说明水田耕作技术的提高。"耕而后有耙"，是农业生产技术的重要发展。

青釉钵

东晋建元元年（343 年）

高 14、口径 21.2、腹径 22.5、底径 13.5 厘米

韶关市曲江区河边厂黎市农场 M01 出土

　　敛口，鼓腹，平底。通体施青黄釉，剥釉严重，外壁有垂釉
现象。口沿处有一道凹痕，腹部饰弦纹。

青釉陶虎子

东晋（317—420 年）
高 20.5、长 24、宽 15 厘米
广州地区出土

　　呈虎形，昂首，束腰，圆臀，颈、臀之间置一圆柱状弯执，尾弯曲且鬃下垂开散，前后各设两足。虎首张圆口，口上部塑凸起两折须，凸目竖鼻，毛发丝丝呈放射状向后、向两侧披开。通体施青釉，几乎剥落殆尽。

青釉鸡首壶

东晋（317—420 年）
高 14.5、口径 8、腹径 14.5、底径 9 厘米
肇庆市端州区晋墓出土

　　盘口，高颈，腹稍扁，平底。上腹两侧附两桥形耳，前端有鸡首形壶嘴，后端从口沿至肩部置一弯曲柄。表面施透明釉，釉色青中带黄，莹润光亮。

　　鸡首壶又称鸡头壶、天鸡壶，最早出现于三国末年，流行于魏晋南北朝，至唐代逐渐被执壶所代替。但在三国两晋时期，鸡首壶并不是实用器，仅是装饰器和明器，以小件为主，容量小，鸡首实心，不通壶腹，不能倾注。到南朝时期，鸡首壶渐渐演变为实用器，体量较大，盘口加深，壶颈加长，鸡首空心，与壶腹相通，可以盛水倒水。

东晋（317—420 年）
高 14.5、口径 8、腹径 14.5、底径 9 厘米
肇庆市端州区晋墓出土

146

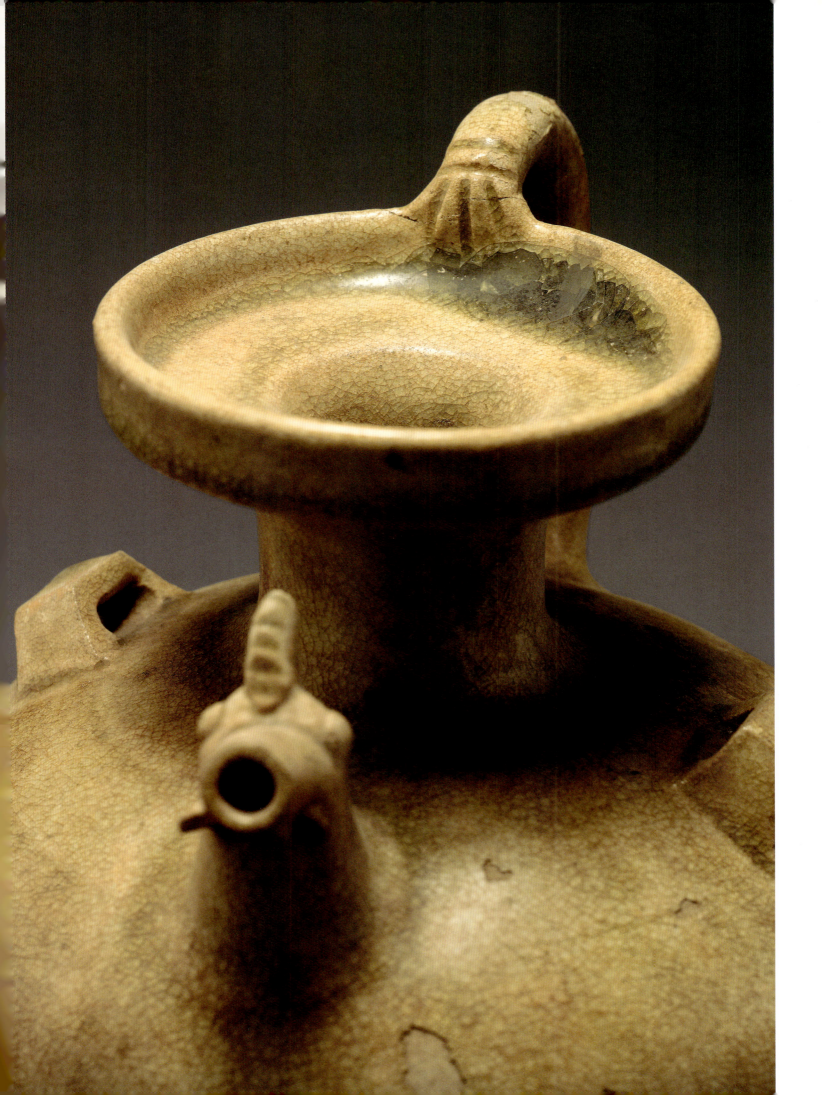

釉陶砚

南朝（420—589 年）

高 3、口径 11.5、底径 12.7 厘米

韶关市西河地区出土

　　呈圆形，砚沿高而内敛，砚池平而中央稍凹，下设三水滴足外撇。造型精巧别致。

青釉六耳罐

南朝（420—589 年）
高 20、口径 10.3、腹径 17.4、底径 14.5 厘米
韶关市西河地区 M2 出土

　　直口，短颈，溜肩，微鼓腹至下稍收，平底。肩部置四横耳，并有两竖耳相间。通体施青绿釉，有细小开片。肩部饰一道弦纹。

　　六耳罐主要流行于南朝至隋代。

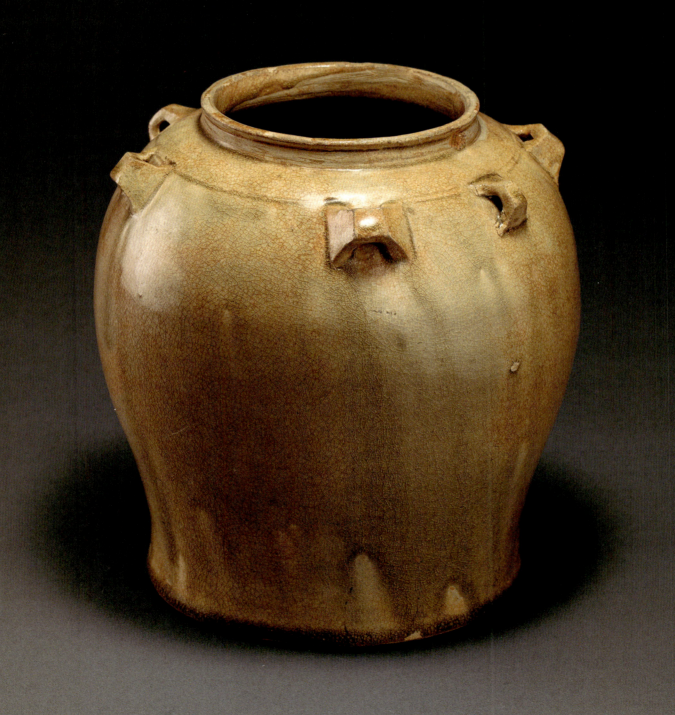

青釉四耳罐

隋大业六年（610 年）

高 16.2、口径 8.8、腹径 14.5、底径 9 厘米

韶关市河西地区芙蓉山 M33 出土

  小敞口，丰肩，敛腹，平底。肩上对称置四耳。施青黄釉不及底，下腹和底部露胎。

  1961年，广东省文物管理委员会等单位在韶关市河西芙蓉山清理了一批六朝隋唐墓葬，其中M33为长方形券顶砖室墓，内有"大业六年八月口日"铭文，"大业"为隋炀帝的年号。

青釉十足砚

隋（581—618 年）
高 6、口径 20 厘米
英德市墓葬出土

　　圆形，砚池稍凸起，下置十乳状珠形足，足向外撇。胎质较粗松，色灰白。砚外壁、底和足施青黄釉，上有细小开片纹，砚池不施釉，有浅紫褐色垫饼烧痕。

　　此砚是典型的隋代珠足砚。珠足此时已经取代前朝的蹄足，足的数目往往有八至十二只之多。

张拯陶砚

唐开元二十九年（741 年）
高 5、长 20.5、宽 18.2 厘米
韶关市罗源洞张九龄墓出土

　　箕形砚，平面似"凤"字形，有二足，底刻一"拯"字。张
拯为唐代开元年间名相张九龄之子。

　　箕形砚是唐代最流行的砚式，因形似簸箕而得名，砚首下
倾，以便贮存墨汁，砚底尾部有二方足，便于持取。

水车窑青釉双耳壶

唐（618—907年）
高 28、口径 11、腹径 19.5、底径 13 厘米
梅州市梅县区畲口公社新化大队 M9 采集

　　敞口，短颈，丰肩，高身，平底，肩部左右各捏贴一扁状条形耳，两耳中间置一六棱形短流。满施青绿色釉，有细小开片，晶莹通透，胎体厚重，造型敦厚，是唐代广东青瓷代表作之一。

　　水车窑位于梅州市梅县区水车镇，馒头形窑炉。瓷器釉色晶莹，器形美观，烧造工艺和器物风格受到浙江越窑的影响，青瓷质量上乘，是唐代广东重要的外销瓷窑之一。

水车窑青釉瓣口碗

唐（618—907 年）
高 7.5、口径 22.5、底径 10.2 厘米
梅州市梅县区畲口公社新化大队 M3 出土

　　葵瓣形敞口，深斜弧壁，圈足。外壁压印四个对称凹槽，每一凹槽连接葵瓣口与圈足之间。胎体均匀厚重，色灰白。通体施青釉，釉色青中泛黄并开细碎冰裂纹，为透明玻璃釉，莹润似玉。

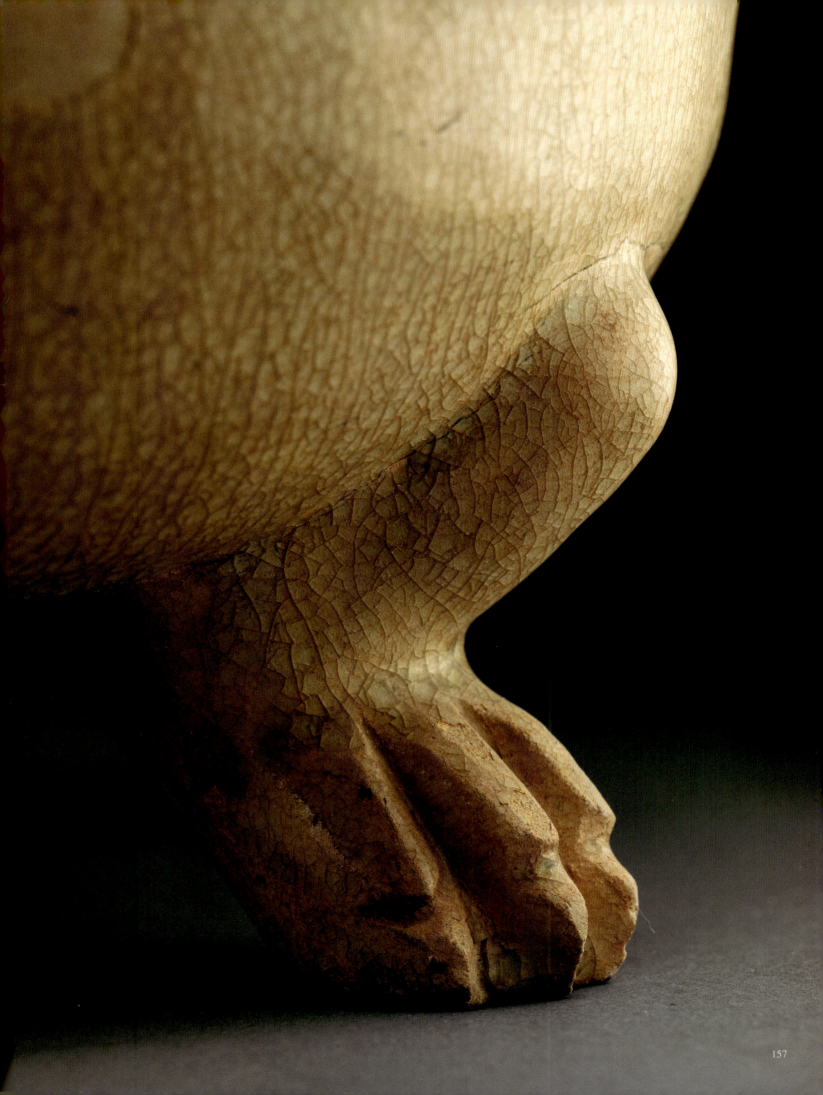

青釉盖罐

唐末至五代初年（873—911年）
通高13、口径7.1、腹径13.5、底径7.7厘米
广州市番禺区德陵出土

　　子母口。盖顶附扁笠形纽。罐身直口，丰肩，肩部饰两道凹弦纹，鼓腹，下腹斜收，矮圈足。胎质坚硬，釉色青黄，釉面开冰裂纹，晶莹透亮，是五代青瓷中的上品。

　　德陵是南汉奠基者烈宗刘隐（873—911年）的陵墓，位于广州市番禺区新造镇北亭村青岗北坡，大香山南坡，南距大香山康陵800米。该墓坐南朝北，为带墓道长方形多重券顶砖室墓，墓坑长26.47、宽5.82米，现存占地面积约154平方米。出土青瓷罐和釉陶罐共272件。

　　德陵与康陵于2003—2004年正式发掘，入选2004年度全国十大考古新发现。

陶像生水果

南汉大有十五年（942 年）
左一：高 1.5、长 6.8、宽 1.8 厘米
左二：高 1.3、长 8.3、宽 1.7 厘米
左三：高 2.3、长 5.2、宽 2.5 厘米
左四：高 3、长 3、宽 2.7 厘米
广州市番禺区康陵出土

　　陶质香蕉、木瓜、桃子（自左至右）。

　　康陵中发现香蕉、木瓜、菠萝、柿子、桃、慈姑、荸荠等像生水果，作为随葬明器。

　　康陵是五代时期南汉国高祖刘䶮之墓，位于广州市番禺区小谷围街道北亭村大香山南麓。其建成于南汉光天元年（942年），为带墓道的竖穴砖室墓。墓葬出土陶瓷、玻璃器、石俑残件、玉石片、银环、开元通宝等遗物。前室当门横立的"高祖天皇大帝哀册文"碑石，清晰地记载着墓主为"高祖天皇大帝"及"迁神（按：即灵柩）于康陵"。

龙首瓦饰残片

南汉乾和十六年（958年）
高 21、长 34、宽 22.8 厘米
广州市黄埔区石马村昭陵出土

　　龙首凸眼，眼周捏塑粗壮毛发，嘴部成排牙齿外露，翘鼻。靠近鼻后端镂两对称圆孔，鼻后制成一凹槽，凹槽内有一拱形面为颈部。胎质较粗，呈灰色，通体无釉。

　　1953年广东省文物管理委员会在广州东郊石马村发掘了一座南汉砖室墓，墓地三面环山，墓前原有石马、石象等。墓为券顶砖室，有斜坡墓道，全长11.64米，内分主室、过道和前室三部分。发现时已经被盗，随葬品只余陶瓷器，包括30余件青釉瓷罐和100余件灰陶罐。因残墓砖上发现刻划"乾和十六年"纪年，推测墓主人为南汉第三代王中宗刘晟（920—958年）。

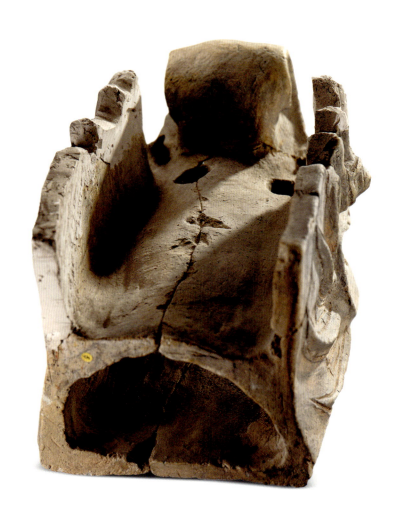

青釉夹梁四耳盖罐

南汉乾和十六年（958年）
通高 19.8、口径 7.5、腹径 16.5、底径 7.5 厘米
广州市黄埔区石马村昭陵出土

　　子母口。罐盖平顶直口，有两翼，翼有断。罐直口，丰肩，敛腹，圈足。肩左右有板耳和前后一对夹耳，夹耳有断口。夹耳、盖翼各有横孔，盖翼放入夹耳后，贯以木塞或缚一绳来固定盖，使提携时不易滑落。胎质坚细，里外满施青釉，釉色莹润，通体有冰裂纹，外底有支钉痕。

　　此种夹耳罐的设计取自南方木桶式样，显得新颖别致。与此造型相同的夹耳盖罐不仅在浙江越窑及湖南长沙窑的制品中有发现，而且在长沙五代墓的随葬品中也有所见。由此可知，这种夹耳盖罐在五代时期江南地区颇为流行。

奇石窑小陶碟

北宋（960—1127年）
高2、口径9、底径3厘米
佛山市南海区奇石窑址出土

敞口，浅底。

奇石窑位于佛山市南海区小塘奇石村，始烧于唐，盛烧于宋代。发现有龙窑，其出土的碗、盘、盆、罐、壶等日用器多有大、中、小型号之分，生产规模庞大，应是佛山宋代重要的陶瓷生产基地。大量戳印有纪年、姓氏、地名、吉祥语印记款的残片标本，不仅让海外近几十年出土的类似陶片找到了生产的窑口，还说明了早在北宋时期，奇石窑产品就已远销海外。

彩绘军持

北宋（960—1127 年）
高 21、口径 9、腹径 16.2、底径 9.6 厘米
佛山市南海区文头岭窑址采集

  喇叭口，长颈，斜肩，鼓腹向下斜收，饼形足，肩腹间置一直流。口部饰一周凸棱，口、颈、下腹部施褐色釉，颈部以褐彩随意绘几笔纹饰，颈、肩部饰一周凸棱，绘一周弦纹，其下饰卷草纹。

  军持腹圆而瓶口与流口狭小，不易倾覆，便于携带。考古发现证明，军持始于唐，盛行于宋元。

  文头岭古窑位于佛山市南海区文头岭南段山坡上，东段面积达280平方米，西段面积200平方米，陶瓷片堆积层厚1~3米，最厚达5米。1987年广东省博物馆在此进行调查，采集的遗物有盆、碗、壶、军持、罐、杯等器形，胎质灰白细腻，火候高，釉色有青黄、黄褐、紫黑三种，部分绘黑彩纹饰。2021年9月，广东省文物考古研究院对文头岭窑址进行正式发掘，共揭露宋代窑炉3座、灰坑1个、作坊遗迹1处。出土器类以盆、罐为大宗，产品标准化程度较高，另见少量碗、碟、壶、魂坛残件，以及陶俑、砖瓦、铜钱、纺轮等，兼有动物骨骼、贝壳、铁铅块等遗物。通过本次调查与发掘，基本确认奇石窑和文头岭窑均出土与"南海Ⅰ号"沉船相关的器物，明确两处窑址是"南海Ⅰ号"船上装载陶瓷的产地之一，有助于明晰宋代南海地区窑址产品的海洋外销贸易线路。

西村窑青釉水盂

北宋（960—1127 年）

高 7.3、口径 4.8、腹径 10、底径 6.6 厘米

广州市西村窑址出土

　　敛口，丰肩，鼓腹，圈足。外壁施青釉不及底，釉面光洁润泽。形制线条舒展自然，古朴敦实，为广州西村窑瓷器中的代表产品。

　　西村窑位于广州西村皇帝岗，20世纪50年代进行发掘与清理。西村窑始于晚唐，盛于五代和北宋，产品有青白瓷、青瓷及黑瓷三种，以青白瓷为多，凤头壶及刻花折沿大盘为其特色产品。青瓷印花缠枝菊纹碗与陕西耀州窑风格相同，显系受其影响。宋代西村窑青白瓷大量外销，在东南亚一些国家的古遗址出土瓷器中均有发现。

西村窑青釉瓜形小盂

北宋（960—1127 年）
高 7.5、口径 4、腹径 10、底径 6 厘米
广州市西村窑址出土

　　直口，腹部呈瓜棱状，圈足。胎体灰黄，外壁施青釉。肩部饰四乳丁，并以褐彩小点作间隔。

青釉双鱼洗

南宋（1127—1279 年）
高 6.5、口径 37.8、底径 17.6 厘米
潮州市笔架山东麓邑山墓葬出土

　　敞口，折沿，弧壁，圈足。内外壁均施青釉，圈足露胎处可
见火石红胎体。内壁刻一周卷草纹，内底凸印双鱼，外壁饰一周
莲瓣纹。

　　青釉双鱼洗在宋元时期大量烧制，采用模印工艺，多在洗面
中心凸印或凹印相向双鱼。

潮州窑莲花炉

宋（960—1279 年）
高 8.8、口径 12、底径 7 厘米
潮州市笔架山窑址出土

　　呈豆状，敞口，平沿，深腹，高足外撇。施青白釉。外壁近口沿处贴塑连弧纹，腹部堆塑上下重叠的仰莲瓣纹。造型规整，立体感强。

　　粤东地区凭借优越的地理位置、丰富的瓷土资源以及活跃的海上贸易，陶瓷生产兴盛发展，至唐宋时期，潮州窑已成为广东重要的外销瓷生产基地，主要烧制青白瓷、青瓷、黑釉瓷和褐黄釉瓷，器形有碗、盘、碟、杯、瓶、壶、炉、盂、罐等，产品销往东南亚等地。

潮州窑青白釉瓜棱执壶

宋（960—1279年）
高26、通宽20、口径7.8、底径8.8厘米
潮州市笔架山窑址出土

　　喇叭口，长颈，折肩，直身，圈足。肩一端置一细长弯流，
另一端设一扁带状执与近壶口处相连。壶腹压印瓜棱纹。外壁及内
口处施青白釉，釉面光润，底足无釉露胎，胎色灰白，质地坚密。

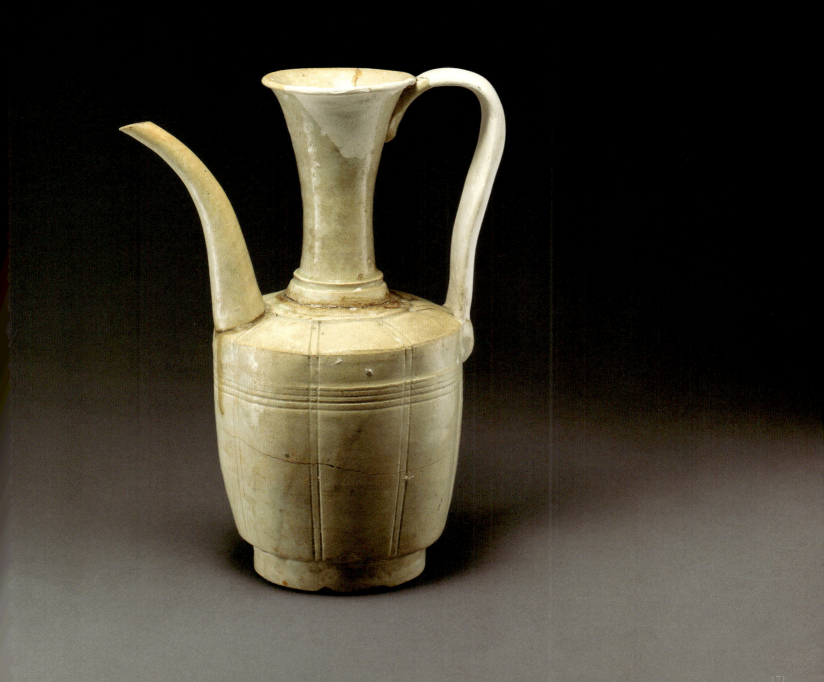

潮州窑鲤鱼形壶

宋（960—1279 年）
高 18.5、通宽 10.5、口径 5.2、底径 7 厘米
潮州市笔架山窑址出土

　　喇叭形口，鱼形扁鼓腹，椭圆形平底。器身模印出鱼嘴、鱼眼、鱼鳞、鱼尾，一侧塑鱼鳍。壶口从鱼嘴伸出，壶流缺失。素烧，土黄色胎，胎质粗松。

雷州窑釉下褐彩荷花纹如意头枕

宋（960—1279 年）

前高 8.9、后高 15.1、长 27、宽 25 厘米

雷州市出土

　　枕面作如意头形，前低后高中间微凹，平底。枕面花纹从边端起向内，用褐彩依次绘三角形几何纹、缠枝卷草纹和短水波纹，中间绘一朵盛开的荷花，枕前壁写一"大"字。施青黄色釉，枕面以下不施釉。

　　瓷枕是我国古代的夏季纳凉用具，始见于隋，流行于唐宋时期。

　　雷州窑因窑址在雷州半岛而得名，从唐代至清代都有陶瓷生产，发现窑址一百三十多处。以生产青釉瓷为主，产品多为碗、碟等日常生活用品，亦有褐彩瓷器。雷州窑彩绘瓷器烧成于南宋早期，鼎盛于元中期，衰落于明早期，产品以开光、多层次构图为特征，纹饰多为菊花纹、钱纹、四神纹和十二生肖纹等。

雷州窑釉下褐彩荷花纹如意头枕

釉下褐彩人物纹梅瓶

宋（960—1279 年）

高 31、口径 6.7、腹径 19、底径 8.2 厘米

佛山市澜石鼓颡岗出土

　　直口，矮颈，丰肩，敛腹，平底微凹。通体用褐彩勾绘，肩绘缠枝莲纹，腹上下各绘一周花带，中部菱花形四开光，内绘一戴巾着袍袒胸的酒徒举杯待饮、稍有醉意、酩酊大醉、掩面酣睡的四种形象，开光间饰海水纹，胫部绘缠枝五瓣桃花纹一周。

都苗窑青釉敞口碗

宋（960—1279 年）

高 5.5、口径 14、底径 5.2 厘米

肇庆市封开县长岗都苗窑址出土

敞口，折沿，弧腹，圈足。通体施青釉。

都苗窑瓷器以素面青釉为主，釉面光滑，开冰裂纹。施釉大多不及底，胎呈灰白色。瓷器风格近乎广州西村窑和潮州笔架山窑瓷器特色。

黄釉暗花葵口盘

元（1271—1368 年）
高 4.1、口径 15.9、底径 6.1 厘米
珠海市蚊州海滩出土

　　葵瓣状撇口，浅腹弧壁，浅圈足。内外壁施青釉，釉色青中泛黄，釉面润泽肥厚。圈足露胎，胎体厚重，胎色深灰。内壁刻划仰菊瓣纹一周，外壁刻划双线竖纹一周。

雷州窑釉下褐彩凤鸟纹荷叶盖罐

元（1271—1368 年）

通高 31.2、口径 9.6、腹径 25、底径 13.7 厘米

雷州市附城西湖水库收集

　　子母口。荷叶形盖，上附宝珠纽。罐直口，丰肩，鼓腹向下斜收，至底处稍外撇，饼形足。胎质灰白，结构致密。盖纽下饰宽、窄弦纹带，外绘覆莲瓣一周。罐身主体纹饰共三层，肩部绘双凤四喜鹊相对称，衬以菊花纹；腹部为菱形四开光，内绘折枝菊花；胫部用短直线分四格，每格内为椭圆形开光，内绘折枝菊花。三层主体纹饰间以钱纹或卷草纹以及弦纹相隔。该罐器形古朴端庄，纹饰构图严谨，层次分明，运笔活泼流畅，是元代雷州窑的精美之作。

青花缠枝莲纹盖罐

明·天顺（1457—1464 年）

通高 16.8、口径 7.5、腹径 13.7、底径 7.7 厘米

东莞市南城区罗亨信墓出土

　　子母口。宝珠纽盖，罐直口，短颈，丰肩，鼓腹，下腹微束，圈足。灰白胎，罐内外施釉，内底釉不平，外底无釉，釉色白中泛青，釉薄处泛灰。盖面绘一周云头纹，盖边绘两道弦纹。肩部饰一周莲瓣纹，腹部绘缠枝莲纹，下腹绘一周云头纹，每组花纹又间以弦纹。青花浓处呈深蓝色，青料厚处有黑斑下凹现象。

　　这件器物出土于东莞市篁村罗亨信墓，根据墓碑记载，墓主罗亨信卒于天顺元年（1457年），享年81岁，于天顺三年（1459年）与妻刘氏合葬。因此，该纪年墓出土青花瓷器的年代应不晚于天顺三年，是空白期青花瓷器断代的重要实物资料。

　　明代正统、景泰、天顺时期（1436—1464年），帝位更迭，政治混乱动荡，人们对此时期瓷器的面貌一直认识不清，被称为中国陶瓷史上的"空白期"，实物资料数量有限，十分珍贵。随着考古资料的不断发现，尤其是景德镇御窑厂出土了一批同时代的瓷器，空白期的青花瓷正逐渐为人们所了解。

青釉菊瓣纹碗

明（1368—1644 年）
高 6、口径 14.3、底径 6 厘米
惠州市白马窑址出土

　　敞口，深弧壁，圈足。胎体厚重，质地坚密，呈深灰色。施釉厚而均匀，胎釉结合紧密。釉色青中闪黄，釉面莹润如玉，开满冰裂纹。外壁刻划菊瓣纹。

　　白马窑址位于广东省惠州市惠东县白盆珠镇。白马窑已知窑炉类型有分室龙窑和馒头窑，分室龙窑结构先进，装烧量大，窑炉技术提高。白马窑产品除在惠州、广州、香港的官署、衙署、居址和墓葬中发现，亦可见于中国海南岛及东南亚、南亚地区，反映了明代海外贸易的兴盛繁荣，有效填补了广东仿龙泉青瓷发现与研究的空白。

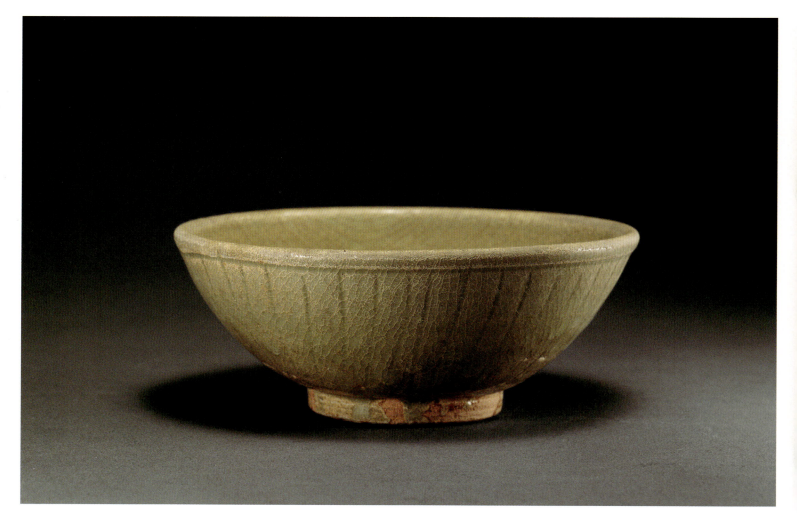

陶罈

明（1368—1644 年）
通高 30、口径 14.5、腹径 22.5、底径 12 厘米
佛山市澜石鼓颡岗 M18 出土

　　由器身和器盖两部分组成。穹形盖，盖顶部附一宝塔形纽。罈身溜肩，弧腹，平底内凹。肩部及盖沿捏塑绳纹一周为饰。器表施褐釉，釉层较薄，近底处及盖沿露胎。
　　陶罈作为葬具在广东较为流行，为研究广东明代葬俗提供了有力的实物资料。

陶罈

明（1368—1644 年）
通高 30、口径 14.5、腹径 22.5、底径 12 厘米
佛山市澜石鼓颡岗 M18 出土

青花缠枝莲纹盖罐

清（1644—1911 年）

通高 39.3、口径 11.9、腹径 25、底径 18.5 厘米

东莞市大岭山镇 M6 出土

　　子母口。宝珠纽盖，罐直口，丰肩，鼓腹，胫部微束，平底微外撇。底无釉，露胎处有明显的旋切纹，微现火石红色。通体绘青花缠枝莲纹，纹饰随意奔放。该器体形硕大，制作精美，是清代青花大型瓷器不可多得的精品。

其他

象牙筒形器

新石器时代晚期（约公元前 3000—前 1500 年）
高 7.8、口径 6.5、腹径 4.5、底径 8 厘米
佛山市禅城区河宕贝丘遗址出土

上下两端呈喇叭形，中部束腰，器体轻薄。

出土时位于人骨头部，有研究认为是象牙冠。

河宕遗址位于佛山市禅城区，是一处重要的土墩类贝丘遗址。其出土了比较完整的人骨，体现了珠江三角洲先民的体质特征、埋葬习俗和拔牙风俗。同时出土了一批年代较早、几何印纹特征明显的陶器和带刻划符号的陶器、骨牙器，为广东原始社会末期物质文化研究提供了重要的资料。

新石器时代晚期（约公元前 3000—前 1500 年）
高 7.8、口径 6.5、腹径 4.5、底径 8 厘米
佛山市禅城区河宕贝丘遗址出土

琉璃珠

战国（公元前 475 年—前 221 年）
直径 2 厘米
肇庆市端州区北岭松山古墓出土

  黑色玻璃体，表面布满黄色离心圆环状眼珠纹，类似蜻蜓的复眼。其制作工艺是在单色玻璃珠母体上嵌入一种或几种与母体颜色相同或不同的玻璃，在表面形成多层圆环状纹饰或圆环状凸起。西方学界称此类器物为"眼珠"（Eye Beads）或"复合眼珠"（Compound Eye Beads），中国俗称"蜻蜓眼"。

  经成分检测，这件玻璃珠为铅钡玻璃，从艺术风格判断，应为楚地传入的中国原产玻璃珠。

琥珀小兽

东汉元初五年（118 年）
高 0.6、长 1.3、宽 0.6 厘米
肇庆市德庆县新墟公社大辽山东汉墓 M2 出土

  小兽呈卧姿，形体浑圆，兽首，硕腰，肥臀，腹下部雕刻前后足。上腹部穿一细孔。通体油黑光亮，雕琢精工。

直径 2 厘米
肇庆市端州区北岭松山古墓出土

琉璃玛瑙珠饰

东汉（公元 25—220 年）
长 42 厘米
湛江市徐闻县东汉墓出土

　　由194颗大小不等的琉璃、玛瑙等多种珠子组成，形状各异，颜色多样。

　　1973年冬至1974年春，广东省博物馆会同湛江地区文化局在徐闻进行了一次文物调查，共发掘了51座东汉墓，出土了陶器、铁器、铜器及珠饰等数百件文物。其中珠饰共有308粒，质地有琥珀、玛瑙、水晶、紫晶、琉璃、玉石、青金石、银、檀香珠等，表明徐闻为重要的海船出发港，是广东大陆通向海外的重要门户。

琉璃玛瑙珠饰局部

墓砖

南朝宋永初二年（421年）
高30、长15、宽5厘米
韶关市曲江区曲河 M03 出土

　　呈青灰色。为扁平的长方形，上半部有"永初二年"纪年文
字，下半部饰方格纹。出土于长方形单券顶砖室墓。

　　420年，刘裕篡东晋称帝，国号宋，史称刘宋，也称南朝
宋。刘裕仅在位三年，故永初年号的文物具有较高的历史意义和
价值。

端石抄手砚

南宋乾道八年（1172 年）
高 3.1、长 15.4、宽 10.3 厘米
潮州市湘桥区桥东街道下津村桃坑龟山刘景墓出土

　　砚四周线条平正，砚池较深，且池底线条明晰，呈菱形锐角，挺拔秀劲。

　　此砚为广东省第一件有准确出土地点和年代的宋砚，墓主刘景为广东海阳县人，曾任台州、南雄二州知事。

端石琴式砚

宋（960—1279 年）

高 1.5、长 18.3、宽 6.5~8 厘米

佛山市澜石鼓颡岗墓葬出土

　　宋坑石。色苍灰微带紫，形仿古琴。砚面一周窄缘。较窄一端雕饰对称弧线，较宽一端雕出五个圆点和六个浅格。中部为砚堂，池作半月形。砚底出四足。简朴古拙。

木带钩

明成化十九年（1483 年）
高 2.5、长 11.5、宽 2.5 厘米
陆丰市碣石 M1 出土

　　呈弧线形。首部雕龙头，眼、鼻、口、须发清晰生动。尾部穿面雕一伏卧螭龙，与龙首相对，体态轻柔，爪足有力，体后为一卷草形尾。

　　陆丰市碣石明墓（M1）为三合土夯筑，封闭性好，使棺内与外界空气隔绝，能较好地保存棺内的木质遗物。

明成化十九年（1483 年）
高 2.5、长 11.5、宽 2.5 厘米
陆丰市碣石 M1 出土

竹骨描金 "魁星赞" 折扇

明万历十年（1582 年）
长 28.3、展幅 39 厘米
梅州市大埔县黄宸夫妇墓出土

扇面为纸质，洒金。24档竹质扇骨，色发黑，一面绘魁星像，一面写有魁星赞，图案及字描金。赞云："灿乎紫微垣之傍，为星之魁；书乎进士第一之堂，为字之魁；捷乎庚午之秋，为解之魁；占乎辛未之春，为省之魁；乔美乎丙辰之状元，为天下之大魁。惟魁之义，得魁之趣，文明之魁，车载斗量，不可胜计。尔酒既青，尔淆既馨，维吾魁其光贲其柄灵。引领群仙下翠微，云开相逐步相随；桃花已透三春限，月桂高攀第一枝。阆苑应无先去马，杏圆惟有后吟诗；男儿志须如此（疑脱一字），金榜题名四海知。一色杏花红十里，状元归去马如飞。"

黄宸夫妇墓前立有牌坊一座，上书"明嘉靖赐进士，中宪大夫，闽粤按察副使，前南京户部郎中黄公，暨初，敕封安人，加封恭丘氏莹"等字。墓主人黄宸，明嘉靖三十五年（1556年）进士，生于正德十年（1515年），卒于万历十年。

《琵琶记》抄本

明（1368—1644年）
纵23、横22厘米
揭阳市西寨村袁氏夫妇墓出土

　　材质似棉纸。原名蔡伯喈戏曲抄本，两本，共95页，一本
为总纲，一本为生使用的己本。与高则诚（元末明初戏曲作家）
《琵琶记》曲文多处相同，为广东潮剧与南戏之间的关系研究提
供了资料。

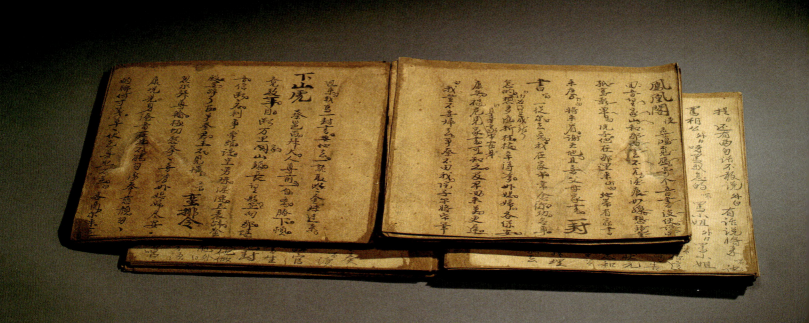

出水文物

广东省博物馆藏品大系

出水

出水文物

出水文物

陶杯

南朝（420—589 年）
高 4.5、口径 7.5、底径 3.5 厘米
西沙北礁采集

　　夹砂红陶，质地疏松。敞口，弧腹，饼形足，素面无纹。为西沙北礁珍贵的早期文物。

　　西沙群岛地处南海航线要地，海上贸易往来频繁，水下文化遗存丰富。1974—1975年，广东省博物馆和海南行政区文化局的文物考古队员对西沙群岛进行了两次考古调查，对甘泉岛唐宋居住遗址进行了考古发掘，共收获中国窑口陶器等遗物近2000件，年代自南朝至清代。

小陶罐

唐（618—907 年）
高 5.4、口径 7、腹径 11、底径 7.2 厘米
西沙北礁采集

　　敛口，束颈，鼓腹，饼形足。器身有多处细弦纹，应为快轮修整留下的痕迹。

青白釉弦纹小口瓶

宋（960—1279 年）

高 8.7、口径 3.2、腹径 5、底径 4 厘米

西沙甘泉岛采集

　　唇口，长颈，溜肩，鼓腹，下腹缓收，圈足。通体施青白釉。颈腹部压印数周凸弦纹。

龙泉窑双鱼花瓣洗

宋（960—1279年）
高3.5、口径13.3、底径6.2厘米
西沙北礁采集

　　折沿，弧腹，圈足。通体施青釉，并有开片。器内底印双鱼，外壁均匀刻竖棱形花瓣，少量珊瑚附着于器上。
　　龙泉窑以烧制青瓷而闻名，胎质较粗，胎体较厚，釉色淡青，釉层厚重。

广东窑盖盒

宋（960—1279 年）

高 7.5、口径 9.3、腹径 12、底径 6 厘米

西沙北礁采集

　　上下两部分以子母口相扣合。平顶平底，斜向中段微鼓，中段直。器表装饰瓜棱纹。釉因海水侵蚀完全脱落，露出灰白胎体，并有珊瑚附着其上。

　　西沙岛屿出水广东窑文物数量较多，可见历代广东往来西沙群岛的船舶数量很多，出入频繁。

龙泉窑青釉瓜棱执壶

元（1271—1368 年）
高 7.5、通宽 12、口径 2.6、底径 6.3 厘米
西沙北礁采集

敛口下凹，南瓜形圆鼓腹，圈足，腹部置小短流，对称处设一半圆环形条状执。通体施青釉。形制规整，线条流畅，美观精致。

元（1271—1368 年）
高 7.5、通宽 12、口径 2.6、底径 6.3 厘米
西沙北礁采集

青白釉仰莲纹带盖执壶

北宋（960—1127 年）
通高 16、口径 6.3、腹径 13.5、底径 7.8 厘米
南中国海海域"丹戎新邦号"沉船出水

　　盖呈圆饼形，平沿，中部内凹，有一小纽。直口，短直颈，鼓腹，浅圈足，颈部至腹部置一曲把，对称处上腹部置一曲流，器身满布仰莲纹。通体施青白釉，由于海水长期侵蚀，釉面发暗粗糙。

　　20世纪90年代，瑞典私人打捞者史登·史卓斯特朗(Sten Sjostrand)以马来西亚为基地，发掘和打捞了十艘沉没在南中国海的古船，"丹戎新邦号"沉船是其中之一。

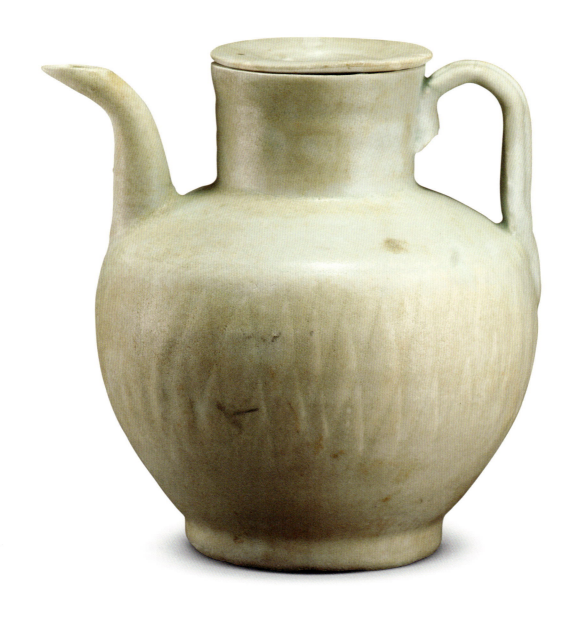

"郭□"款铜锣

北宋（960—1127 年）
高 9.6、直径 41 厘米
南中国海海域"丹戎新邦号"沉船出水

呈圆形，铜锣内底中心有"郭□"字样，整体锈蚀。

银铤

北宋（960—1127 年）

长 13.6、厚 0.4 厘米

南中国海海域"丹戎新邦号"沉船出水

长条束腰形，素面。

从银铤的形制来看，宋代的海外贸易，白银作为货币的可能性极大，体现了当时白银在贸易体系中起到的重要作用。白银成为官方与民间共同认可的商品交换的主要货币，也成为中外贸易的重要流通媒介，双方以白银为共同认可货币进行贸易，加快了世界贸易体系的初步形成。

龙泉窑青釉碗

南宋（1127—1279 年）

高 4.2、口径 16.2、底径 5.6 厘米

"南海Ⅰ号"沉船出水

　　敞口，深腹弧壁，圈足。内外施青釉泛灰，釉面莹润光亮。内壁刻划荷花纹。

　　1987 年，"南海Ⅰ号"沉船发现于广东省台山、阳江交界海域，国家先后组织多次水下搜寻、探测、调查与发掘等工作。2007 年，沉船"整体打捞"移入广东海上丝绸之路博物馆，开创了中国乃至世界水下考古保护技术与方法的先河。沉船出水文物 18 万余件，以龙泉窑、德化窑、磁灶窑、景德镇窑产品为大宗，另有金器、漆器、铁器、锡器等货物品类。

213

德化窑青白釉四耳罐

南宋（1127—1279 年）
高 8.8、口径 3.6、腹径 8.7、底径 5.4 厘米
"南海Ⅰ号"沉船出水

　　直口，丰肩，鼓腹，下腹斜收，平底，肩颈处附四圆环形耳，腹部有一周折棱。通体施青白釉，釉面光洁肥润。器身满饰卷草纹。

　　"南海Ⅰ号"出水的德化窑青白瓷中，有粉盒、印花四耳罐、印花执壶、喇叭碗、小瓶、葫芦瓶等，经典器形则包括青白釉六方执壶、青白釉四耳罐、青白釉粉盒、青白釉花瓣口卷草纹碟等。

德化窑青白釉葫芦瓶

南宋（1127—1279 年）
高 9.6、口径 1.2、腹径 5.5、底径 4 厘米
"南海Ⅰ号"沉船出水

　　二件。小口，器身呈变体葫芦形，饼形底。通体施青白釉，釉面光洁肥润，素面无纹饰。

德化窑白釉瓶

南宋（1127—1279年）
大：高10、口径5.5、腹径7、底径5.5厘米
小：高6、口径3.3、腹径4.5、底径3.3厘米
"南海Ⅰ号"沉船出水

　　二件。广东省博物馆藏"南海Ⅰ号"出水德化窑白釉瓶有大、小两种形制。大瓶喇叭口，长颈，溜肩，鼓腹，束胫，圈足外撇。通体施白釉，釉面润泽。腹壁和圈足印覆仰莲瓣纹。小瓶敞口微敛，直颈，溜肩，鼓腹，束胫，圈足外撇。通体施白釉。部分瓶素面，部分瓶腹壁印卷草纹。

　　"南海Ⅰ号"沉船为贸易商船，其出水文物中部分此类小瓶放置在德化窑青白釉四耳罐中，以最大限度地利用空间。

德化窑白釉瓶

德化窑青白釉粉盒

南宋（1127—1279 年）
左一：高 4.2、口径 7、底径 6.5 厘米
左二：高 4、口径 6.8、底径 6.7 厘米
左三：高 5.3、口径 8.8、底径 7.4 厘米
左四：高 5.2、口径 6、底径 4.7 厘米
"南海 I 号"沉船出水

　　四件。子母口。左一、左三器身略呈八角形，左二、左四器身略呈瓜棱形。均为灰胎施白釉，左一、左三、左四器盖有印花装饰。

　　广东省博物馆藏"南海 I 号"出水德化窑青白釉粉盒有大扁圆盒、小扁圆盒以及高身粉盒三种形制。

磁灶窑绿釉菊瓣花口小碟

南宋（1127—1279 年）
高 1.6、口径 10.5、底径 5.6 厘米
"南海Ⅰ号"沉船出水

　　花口，宽折沿，平底内凹。通体施绿釉。沿上印缠枝菊花纹，内壁呈花瓣状，内底印折枝花卉。

磁灶窑绿釉长颈小瓶

南宋（1127—1279年）

高 7.5、口径 2.5、腹径 4.4、底径 3 厘米

"南海 I 号" 沉船出水

　　撇口，长颈，溜肩，鼓腹，饼形足。通体施绿釉。颈肩部刻
划数周复线弦纹为饰。

景德镇窑青白釉花瓣口碗

南宋（1127—1279年）

高5、口径17.4、底径6厘米

"南海Ⅰ号"沉船出水

葵口，弧腹，圈足。通体施青白釉。内壁刻划花卉纹。

金项饰

南宋（1127—1279 年）
长 172 厘米
"南海Ⅰ号"沉船出水

　　以四股八条金线编织而成，截面呈方形。项饰一端连接长条形带钩，中间隆起，上饰璎珞纹；另一端四个小环搭扣成尾，用以调节松紧。

　　此金项饰是"南海Ⅰ号"沉船出水的首件金器，可能为船主或客商所有。项饰的波斯风格，暗示沉船或许与南亚或者东南亚存在联系。

龙泉窑青釉刻花盘

约明洪武三年（约 1370 年）
高 6、口径 25.4、底径 11.4 厘米
马来西亚海域"杜里安号"沉船出水

　　盘口，斜腹，圈足。通体施青釉，釉层丰润，釉色青碧，光泽柔和，外底留有刮釉一周的垫烧痕迹。盘心刻划莲花纹。

　　"杜里安号"沉船位于马来西亚半岛沿岸，被确定为中国制造的船只，长度约30米，发现了密封舱结构以及铁钉等。出水较多泰国及越南产陶瓷。也有一些中国陶瓷出水，特别是龙泉青瓷器以及酱褐釉瓷器，以龙泉青瓷最多，器形以折沿盘最常见，还有少量盖罐、碗、小瓶。这些器物釉层厚，装饰花纹有刻划花、印花等，器形及装饰风格还有一些元代元素。

青釉划花葵口菊瓣纹折沿碗

约明天顺四年（约 1460 年）
高 8、口径 28、底径 11.3 厘米
南中国海海域"皇家南海号"沉船出水

　　花瓣形敞口，折沿，斜腹，圈足，圈足壁较厚。通体施青釉，釉色发暗。内壁近口沿处饰四周弦纹，其下刻划海水纹，外壁饰菊瓣纹。

　　"皇家南海号"沉船是史登·史卓斯特朗于20世纪90年代以马来西亚为基地发掘和打捞的沉没在南中国海的十艘古代沉船之一。沉船长 28、宽 7 米，船体结合中国和东南亚元素，采用东南亚热带硬木制成，适合南海航行。出水瓷器主要为泰国著名的西萨查那莱（Sisatchanalai）窑的青瓷器皿和中国窑口青瓷盘。

青釉四耳盖罐

约明嘉靖二十九年（约 1550 年）
通高 16、口径 8.5、腹径 17、底径 8.5 厘米
马来西亚海域"新泰号"沉船出水

　　子母口。盖扁圆，上有宝珠形纽。罐直口，短颈，腹部丰
圆，近底处斜收，圈足，肩部置四耳。器身施青釉，几乎脱落
殆尽。

漳州窑青花"寿南山 福东海""清"字盘

明·万历（1573—1620 年）
高 7.3、口径 25、底径 12 厘米
"南澳Ⅰ号"沉船出水

敞口，弧腹，圈足。盘内口沿饰青花弦纹，内壁绘三朵菊花，中间留白处写有一行草"清"字，盘心双圈内书有行草"寿南山 福东海"六字。盘外口沿及外壁各饰一道青花弦纹。

"南澳Ⅰ号"沉船位于广东省汕头市南澳县云澳镇东南三点金海域，推测其从福建漳州附近驶向东南亚一带。沉船已出水文物2.6万余件，以漳州窑及景德镇窑瓷器为主，另有陶器、金属器、石器、骨器、漆木器、铜钱和有机物遗存等出水。"南澳Ⅰ号"沉船遗址先后入选2010年度社会科学院中国考古六大发现和2010年度全国十大考古新发现。

漳州窑青花仕女图"老公"字盘

明·万历（1573—1620 年）
高 7、口径 26、底径 13 厘米
"南澳Ⅰ号"沉船出水

敞口，弧腹，圈足。胎体疏松灰白，釉色偏青，青花呈色灰黑。盘内壁饰四组青花折枝花卉纹，中间留白处书"老公"二字，盘心青花双圈内绘仕女图。

漳州窑青花麒麟纹折沿盘

明·万历（1573—1620年）
高 6.5、口径 25.5、底径 11.5 厘米
"南澳Ⅰ号"沉船出水

　　敞口，折沿，弧腹，圈足。胎体灰白，釉色偏青，青花呈
色灰黑。内口沿饰一周菱形纹带，盘心绘一周波浪纹，内绘麒麟
纹，取蹲式，扭头后望，周边饰四组火焰纹。

漳州窑青花法螺留白应龙纹碗

明·万历（1573—1620 年）
高 9、口径 18.5、底径 6.8 厘米
"南澳 I 号"沉船出水

　　敞口，弧腹，圈足。釉色发青，青花呈色发灰。内口沿饰一周青花菱形十字锦纹，碗心绘青花法螺纹；外壁绘青花龙纹，间饰卷云纹，纹饰以单实线勾勒，余下皆为留白，底部青花方框内署"福"字款。

漳州窑青花缠枝花卉纹玉壶春瓶

明·万历（1573—1620年）
高 13.5、口径 5.5、腹径 10.5、底径 6.5 厘米
"南澳Ⅰ号"沉船出水

　　撇口，长颈微束，溜肩，鼓腹，圈足。胎体敦厚，质粗松色
灰白。通体施透明白釉，釉色灰白。颈部饰青花折枝花卉纹，腹
部以青花弦纹相隔，绘青花缠枝花卉纹。

漳州窑青花缠枝花卉纹净瓶

明·万历（1573—1620 年）
高 17.1、口径 3.3、腹径 9.2、底径 8.5 厘米
"南澳Ⅰ号"沉船出水

　　蒜头口，长颈微束，溜肩，鼓腹，台式高圈足。通体施透明白釉，釉色灰白。颈部饰青花折枝花卉纹，腹部以青花弦纹相隔，绘青花缠枝花卉纹，圈足外沿饰一周青花卷草纹。

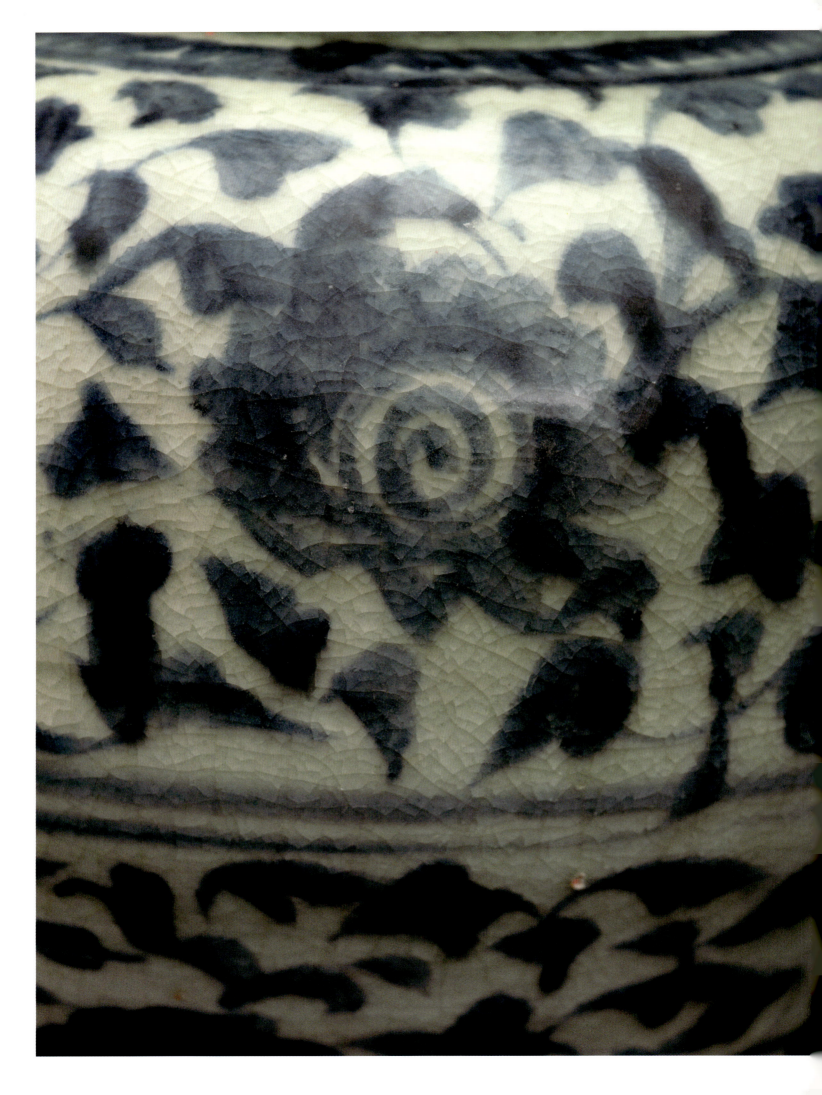

漳州窑青花缠枝花卉纹大罐

明·万历（1573—1620年）
高 29.5、口径 12、腹径 25、底径 17.5 厘米
"南澳Ⅰ号"沉船出水

　　微敞口，短颈，丰肩，鼓腹向下斜收，矮圈足。整器由三部分拼接而成，腹部拼接痕迹较为明显。胎体厚重，胎质泛灰，青花发色灰蓝。颈部饰一周弦纹，肩部和腹部以双弦纹相隔绘主题纹饰缠枝花卉纹，近底部饰一周弦纹。

漳州窑青花折枝花卉纹撇口小罐

明·万历（1573—1620 年）
高 7、口径 4、腹径 7.5、底径 5.7 厘米
"南澳Ⅰ号"沉船出水

　　撇口，束颈，丰肩，圆腹，腹部以下渐收，矮圈足。青花呈
色发灰。肩部饰一周卷草纹，腹部绘折枝花卉纹。

漳州窑青花折枝花卉纹撇口小罐

漳州窑青花缠枝花卉纹盖盅

明·万历（1573—1620 年）

通高 16.5、口径 20.5、腹径 24.8、底径 13.5 厘米

"南澳Ⅰ号"沉船出水

　　子母口。盖弧面，附环纽。盅敛口，深腹，弧壁，圈足。胎质粗松色灰，造型厚重。内外通施透明白釉，釉色白中泛灰。盖面与腹部均绘青花缠枝花卉纹。

漳州窑青釉盖罐

明·万历（1573—1620 年）
通高 7.7、口径 5.6、腹径 7.5、底径 4 厘米
"南澳Ⅰ号"沉船出水

　　子母口。盖呈圆弧形，出沿，附伞形小纽。罐敞口，短颈，鼓腹，圈足。整体施青黄釉，素面无纹。

漳州窑白釉碗

明·万历（1573—1620 年）
高 5.7、口径 17、底径 5.2 厘米
"南澳 I 号"沉船出水

撇口，弧腹，圈足。胎质灰白，通体施透明白釉，素面无纹。

磁灶窑黑釉壶

明·万历（1573—1620年）
高 11.2、口径 5、腹径 11、底径 6 厘米
"南澳 I 号"沉船出水

　　撇口，直颈，丰肩，鼓腹，下腹斜收，平底。通体施黑釉，近底部露胎，胎质灰白。

磁灶窑褐釉堆塑双凤纹六狮系陶盖瓮

明·万历（1573—1620年）
通高 63.5、口径 16.5、底径 19 厘米
"南澳 I 号"沉船出水

　　唇口，短颈，溜肩，鼓腹，胫缓收，平底，配有一狮钮盖。肩部捏塑六狮形系，六系间均以贴塑折枝花卉纹为饰，系与腹部之间刻划一周勾连云纹为分隔带，腹部主题纹饰为两只堆塑的展翅飞凤。器表施褐釉不及底，釉面粗糙不均。胎体厚重，质粗松，色深灰。

　　为提升装货量，瓮内通常填满小碟、小杯、小罐等小物品。

景德镇窑青花丹凤朝阳纹折沿盘

明·万历（1573—1620 年）

高 3、口径 19.7、底径 10.5 厘米

"南澳Ⅰ号"沉船出水

　　敞口，折沿，浅腹，弧壁，圈足。通体施透明白釉，瓷胎轻薄，质地白而致密。盘心主题纹饰绘丹凤朝阳与鹊鸟山石纹，外环以青花双圈及一周青花卷草纹，折沿上装饰一周青花杂宝纹。外壁绘上下对应的青花折枝花卉纹，底署一青花花押款。

247

景德镇窑青花鹊鹿蜂猴图盘

明·万历（1573—1620 年）
高 4、口径 19、底径 12 厘米
"南澳 I 号"沉船出水

　　敞口，浅腹，弧壁，圈足。盘心以青花绘鹊、鹿、蜂、猴等吉
祥图案，寓意"爵禄封侯"，边饰则以蜂和花卉为点缀。外壁绘缠
枝莲纹，底部青花方框内署"富贵佳器"款。

景德镇窑青花"平步青云"图碗

明·万历（1573—1620 年）
高 5.8、口径 12、底径 5 厘米
"南澳 I 号"沉船出水

　　敞口，弧腹，圈足。釉色发青，青花灰黑。碗心绘一高官，足登祥云，寓意"平步青云"。外壁绘高士访友图，底部青花方框内署"大明年造"款。

景德镇窑青花折枝牡丹纹"福"款瓜棱盖盒

明·万历（1573—1620年）
通高 7、口径 10.5、底径 6.5 厘米
"南澳 I 号"沉船出水

　　子母口。盖圆弧形顶，弧肩。盒弧腹，近底微内收，浅圈足。青花呈色浅蓝。盖顶双弦纹内绘青花折枝牡丹纹。盖沿与盒身呈瓜棱纹起棱，上下口沿饰青花曲折纹，中填花瓣，相对构成菱形花纹。盒底青花方框内署"福"字款。

景德镇窑青花垂柳鹊鸟纹"福"款杯

明·万历（1573—1620 年）

高 3.8、口径 6.3、底径 2.5 厘米

"南澳Ⅰ号"沉船出水

　　撇口，深腹，弧壁，圈足。通体施透明白釉，釉色泛灰。内底心饰青花折枝花卉纹；外壁绘青花垂柳鹊鸟纹，底署青花"福"字款。

景德镇窑青花五彩描金鹭莲纹碗

明·万历（1573—1620 年）
高 6、口径 12、底径 4.5 厘米
"南澳Ⅰ号"沉船出水

　　敞口，弧腹，圈足。胎质细密洁白。整器以青花、五彩装饰，部分有描金。内口沿绘五彩杂宝纹边饰，碗心青花单圈内饰蟠螭纹；外壁五彩四开光内绘鹭莲纹，间饰折枝花卉纹，近底处饰一周仰莲纹，寓意"一路连科"；碗底署青花"富贵佳器"款。描金与五彩有多处脱落。

景德镇窑五彩描金四开光海水鱼纹盖盒

明·万历（1573—1620 年）
通高 6.5、口径 8.8、底径 5.4 厘米
"南澳 I 号"沉船出水

　　子母口。盒盖圆弧顶，盒身弧壁，圈足。胎质细密洁白。釉面施红彩，部分有描金。盖面以五彩绘海水、鱼和海藻纹，盖沿饰四开光，开光内绘花卉纹；盒身绘一周缠枝花卉纹。釉层脱落较严重。

景德镇窑白釉青花"福"款杯

明·万历（1573—1620 年）
高 4、口径 6.5、底径 2.5 厘米
"南澳Ⅰ号"沉船出水

　　撇口，深腹弧壁，圈足。通体施透明白釉，釉色泛灰。底署青花"福"字款。

褐釉陶瓷器黏结

明·万历（1573—1620 年）
黏结物长 28、陶罐底径 12.5 厘米
"南澳 Ⅰ 号" 沉船出水

　　陶罐内有杯子、棋子等物，杯子呈叠压状，棋子填满其中。
海运过程中，为了节省空间，在罐子内填充货物，以达到最大载
货量。

铜弹簧

明·万历（1573—1620 年）
长 7.2~13、直径 5.5 厘米
"南澳Ⅰ号"沉船出水

　　三件。铜丝呈螺旋状盘绕多圈，表面布满锈层。

　　中国的铜原料及铜质品一直都是外销的重要商品。虽然《大明律》明确规定"凡将牛、马、军需、铁货、铜钱、缎匹、绸绢、丝棉出外境货卖及下海者杖一百"，把铜列为禁卖品，但巨大的贸易利润仍然刺激着商人们铤而走险，走私大量铜质品到海外。

铜锣

明·万历（1573—1620 年）
高 7.5、直径 38 厘米
"南澳Ⅰ号"沉船出水

呈圆形，锣面平坦，一侧有两孔，方便系带悬挂，底口微敛，锈蚀严重。

青花双凤纹克拉克盘

约明天启五年（约 1625 年）
高 5、口径 31、底径 16 厘米
马来西亚海域"万历号"沉船出水

花瓣口外撇，折沿，浅弧腹，圈足。胎体轻薄，青花发色蓝中泛灰。折沿及内壁绘八组扇形开光，内饰折枝花卉纹和暗八仙纹，开光之间以画有绶带纹的长条形开光相隔。盘心绘青花锦地八菱形开光，内绘主题纹饰双凤口含灵芝仙草相互追随。外壁随意勾勒六圈点和长条形简洁装饰。

1602 年，荷兰东印度公司在海上捕获一艘葡萄牙商船——"克拉克号"，船上装有大量来自中国的青花瓷器，这些瓷器在器物边沿用点或线分格，形成六、八、十二或更多扇形、椭圆形、莲瓣形开光，在开光内绘制杂宝或花草形象，盘心则绘制花卉、鸟兽或风景等主题纹饰。因不明瓷器的具体产地，欧洲人把这种青花瓷器命名为"克拉克瓷"。

"万历号"沉船于 2003 年 11 月在离马来西亚西海岸附近的 40 米水下被史登·史卓斯特朗发现，因载承大量明代万历时期瓷器而得名。

景德镇窑青花留白牡丹纹盘

约明天启五年（约 1625 年）
高 3.5、口径 21.5、底径 13 厘米
马来西亚海域"万历号"沉船出水

　　敞口，浅弧腹，圈足。胎体细腻，色白。内口沿绘一周青花
几何花卉纹，盘心双圈内绘三朵怒放的青花缠枝牡丹，花四周满
布叶片衬托，纹饰繁复饱满而有秩序感，采用了留白的画法。外
壁口沿处绘一周青花双弦纹，下饰两对叶脉纹。

景德镇窑青花开光八仙人物纹八方碗

约明天启五年（约 1625 年）
高 7、口径 13.9、底径 5.9 厘米
马来西亚海域"万历号"沉船出水

　　敞口，八棱形深腹，圈足。胎体轻薄，青花发色淡雅。内口沿饰一周青花回纹，内底青花双圈内绘寿星乘鹤图，有"寿鹤千年"之意，表示人们对长命百岁的寄愿。外壁八棱分别绘一开光，内绘八仙人物，每位仙人各自脚踏法器，身姿呈站立渡海状，近圈足处饰海浪纹，为克拉克纹样。外底青花双圈内署"大明成化年制"款。

景德镇窑青花山水纹螭耳杯

约明天启五年（约 1625 年）
高 8、口径 8、底径 3.8 厘米
马来西亚海域"万历号"沉船出水

　　撇口，深弧腹，圈足，上腹部对称捏塑一对蟠螭状耳。通体施透明白釉，青花发色淡雅。内口沿饰一周卷云纹。外壁近口沿处及圈足各饰一周青花双弦纹，中间主题纹饰为山水渔夫泛舟图。外底青花单圈内署"大明成化年制"款。

景德镇窑青花蕉叶纹椭圆盖盒

约明天启五年（约 1625 年）
通高 5、口长径 13、口短径 6.3、底长径 10.5、底短径 4.5 厘米
马来西亚海域"万历号"沉船出水

　　呈椭圆形，子母口。盖为微穹顶，盒直口，深弧腹，圈足，盒身内设凸起隔栏，将盒的内部空间分为左右均等的两份。盖面以青花椭圆形锦地纹为边饰，主题纹饰为青花蕉叶纹；盒身随意绘兰草纹及花卉纹点缀。

景德镇窑青花开光暗八仙花卉纹葫芦瓶

约明天启五年（约 1625 年）
左：高 21.5、口径 2.8、腹径 9.4、底径 6 厘米
中：高 23.8、口径 4、腹径 12、底径 7.7 厘米
右：高 29、口径 3.8、腹径 15.5、底径 9.8 厘米
马来西亚海域"万历号"沉船出水

　　三件，纹饰较为相似，大小不一。微敞口，长颈，束腰，圈足，呈上小下大葫芦状。颈部绘青花蕉叶纹一周，上腹部以双竖线分为六开光，开光以青花花卉与博古纹相隔为饰，束腰处画有一周青花花卉纹作为上下腹的分隔带。下腹部饰扇形开光，曲线形似波浪，上下倒置对立，开光内饰青花花卉纹与暗八仙纹相隔。青花发色幽蓝，胎体厚实，线条流畅，设计精巧。

　　葫芦瓶，顾名思义是以自然界中的葫芦为原型制作的瓶式。葫芦瓶早在新时期时代就已出现。葫芦在当时可能是一种较为重要的农作物，原始先民将这种藤蔓缠绕，瓜果大大小小连绵不断，如人类子孙繁衍生生不息的植物视为多子多福的吉祥象征。在中国的传统文化中，葫芦亦被儒、释、道所借用，成为对平安幸福长寿向往的化身，葫芦瓶又因与"福禄"谐音，且器形似"吉"字，又名"大吉"瓶，寓意子孙万代，大吉大利，福禄双全。

　　明嘉靖、万历时期，由于皇帝崇尚道教，使得工艺美术品在装饰上大多运用吉祥如意的纹饰，从而明代晚期成为葫芦瓶陶瓷器大放异彩的时期，生产量空前。

景德镇窑青花象首军持

约明天启五年（约 1625 年）
高 20.5、长 17、宽 9.5 厘米
马来西亚海域"万历号"沉船出水

　　近蒜头口，中部尖凸，长束颈，方形腹，平底，整体呈象形，肩部一侧饰以象首状双细孔流，流下方附一扁条形系。口沿处绘青花如意云纹一周，长颈以蕉叶纹为饰。象首两侧绘青花双耳及眉目，方形腹作象身，象背部绘青花锦地搭被，首尾处饰以铃铛、璎珞纹。此器形较为稀少，"万历号"沉船共出水三件，广东省博物馆藏一件，较为珍贵。

青花吕布戏貂蝉图杯与碟

清·雍正（1723—1735 年）
杯：高 3.8、口径 7、底径 4 厘米
碟：高 1.7、口径 11.5、底径 6.8 厘米
越南海域"金瓯"沉船出水

　　杯敞口，弧腹，矮圈足。碟敞口，浅平底，圈足较矮。均以白釉青花装饰，青花色彩清浅。杯内口沿饰菱形"十"字纹带，间以四开光，开光内饰花卉纹，内底为随意花卉纹；外壁绘"吕布戏貂蝉"三国故事。碟内口沿纹饰与杯内口沿纹饰相同，碟心亦饰"吕布戏貂蝉"三国故事。

　　越南"金瓯"沉船位于越南金瓯省沿海水下32~36米处，出水10余万件景德镇青花瓷器，并发现有青花红彩、素三彩、紫金釉器。瓷器署"大清雍正年制"底款。根据瓷器的风格特征和船舶结构，推测其是一艘沉没于18世纪前期的中国商船。

左壶盖圆鼓，上有球形纽，壶身敛口，鼓腹，一侧为曲形流，一侧为弧形耳，平底微内凹，底钤"宜邑蒋制"款。右壶盖扁鼓，上有球形纽，壶身敛口，扁圆腹，一侧为短直流，一侧为弧形耳，平底微内凹，底钤"孟臣"款。

中国古代文人忠于茶道，几乎每个朝代都有相对应的茶文化。明代之前，盛行煎茶，将茶末制成体型稍大的茶饼或茶团，这要求煮茶的工具造型较大，往往会使用体积大的砂罐。到了明代，明太祖朱元璋下令变团饼为散茶，自此改变了饮茶方式，盛产紫砂壶的宜兴也迅速变革，出现了以泡茶为主的茶壶。

"迪沙鲁号"沉船为19世纪30年代航行于中国与南洋间载运陶瓷货物的木质商船，其部分出水物为宜兴等地的陶瓷和紫砂产品。

墨彩诗文盖杯

约清道光十年（约1830年）
通高9、口径10、底径4厘米
"迪沙鲁号"沉船出水

　　由盖和杯两部分组成。盖敞口，斜腹；杯身敞口，弧腹，圈足。盖面饰两组竹叶纹，间以文字："四季常青为上客，人生喜乐竹中凉。"杯身纹饰与盖对应，亦饰两组竹叶纹，间以文字："一径兰棘碧拂云，此君类雅绝尘氛。三更明月微风响，一片清声枕上闻。"

论文

略论广东考古的主要成果

广东省文物考古研究院　邱立诚

广东的考古学研究正处于转型阶段。其外向型特征和所处的地理位置，已超越了今天的国界，成为环太平洋文化的一员。为此，需要发展广东的考古学，就必须了解过去，以制定将来。

一、学术史的回顾

1961 年，莫稚发表了《广东考古调查发掘的新收获》[1]，文中介绍了古脊椎动物化石与旧石器时代、新石器时代及其后至宋代的考古收获，这使我们对广东的考古工作有了初步的认识。实际上，意大利学者麦兆良于 20 世纪 30 年代就对粤东进行过考古调查，并就粤东地区的考古编年做了初步研究，可惜麦兆良于 1953 年去世，留下的手稿和器物标本于 1975 年由香港考古学会出版了《粤东考古发现》一书[2]。1979 年，徐恒彬等人发表《广东考古结硕果，岭南历史开新篇》[3]，对中华人民共和国成立 30 年来的广东考古工作作了总结。其后，宋方义等人在 1990 年发表《广东考古十年概述》[4]，就 1979 至 1989 年的广东考古工作作了概括性的叙述。1999 年，杨式挺撰写了《广东考古五十年》[5]，将广东的考古工作分为初创期、发展期和兴盛期三个时期，回顾、分析了广东考古五十年的成就及经验。此后，陈以琴在 2009 年《中国考古研究 60 年（1949 ～ 2009）》中发表《中国考古 60 年——广东省》[6]一文，系统地对史前时期、青铜时代、秦汉至南朝时期、隋唐至明清时期的考古工作进行回顾。此外，杨式挺等人于 2015 年出版了《广东先秦考古》[7]，这是对地方断代考古史的总结，极具有历史意义。

1　莫稚：《广东考古调查发掘的新收获》，《考古》1961 年第 12 期。

2　[意] 麦兆良：《粤东考古发现》（英文版），香港考古学会出版，1975 年；[意] 麦兆良：《粤东考古发现》，刘丽君译，汕头大学出版社，1996 年。

3　广东省博物馆：《广东考古结硕果，岭南历史开新篇》，《文物考古工作三十年（1949~1979）》，北京：文物出版社，1979 年。

4　广东省博物馆：《广东考古十年概述》，《文物考古工作十年（1979~1989）》，北京：文物出版社，1990 年。

5　杨式挺：《广东考古五十年》，《学术研究》1999 年第 10 期。

6　陈以琴：《中国考古 60 年——广东省》，国家文物局主编《中国考古研究 60 年（1949 ～ 2009）》，北京：文物出版社，2009 年，第 385~400 页。

7　杨式挺等：《广东先秦考古》，广州：广东人民出版社，2015 年。

| 二、石器时代 |

磨刀山遗址[8]位于云浮市郁南县河口镇和都村南江西岸四级阶地上，是广东省目前发现年代最早的旧石器时代早期的旷野类型遗址，被评为第八批全国重点文物保护单位。

图 1　磨刀山遗址出土石质品

遗址核心区面积约 2 万平方米。考古发现上、下两个包含石质品的旧石器时代早期文化层，揭露出较大面积的古人类活动区域。出土近 400 件石质品（图 1），以砂岩、石英与石英岩为主要原料，类别包括石料、石核、石片、断块、碎屑、石锤、残石器及使用砾石等，其中又以石料、断块、碎屑、石核与使用砾石的数量为多。石质品类别涵盖从搬运石料、加工石器、使用石器到废弃石器的整个过程，反映出发掘区存在完整的石器生产操作链。石器加工技术以单面硬锤修理为主，仅少量手斧等见两面加工技术。石器的修理较为简单粗糙，刃部普遍不规整。遗址文化面貌总体与中国南方广泛分布的砾石石器工业比较接近，但更多表现出与中国广西及东南亚地区同时期旧石器文化相似的特征。

以磨刀山遗址为代表的南江旧石器地点群，填补了广东旧石器时代早期文化的空白，是岭南史前考古的重大突破。磨刀山及南江盆地旧石器地点的新发现，揭示出岭南亚热带—热带气候环境下，远古祖先的栖居形态与旧石器文化发展序列，进一步展现了亚洲东南部低纬度地区早期人类独特的石器生产与生存活动，为中国旧石器时代考古研究提供了非常重要的新材料，对于深入研究中国南方与东南亚地区旧石器文化的关系、区域人类演化历史、古人类技术行为与环境的关系等课题具有重大意义。与南江旧石器文化面貌相近的广西百色旧石器文化[9]最早可达距今 70 多万年，而湖南旧石器文化[10]最早可达距今 50 万年，南江旧石器的最早年代可以前两者为参考。而参考云浮蟠龙洞人

8　邱立诚：《从考古资料探索南江古道在南海丝路中的历史作用》，《罗定：南江古道与"一带一路"文化论坛论文集》，广州：广东旅游出版社，2017 年，第 63~75 页。

9　《中国考古 60 年——广西壮族自治区》，国家文物局主编《中国考古研究 60 年（1949 ～ 2009）》，北京：文物出版社，2009 年，第 401~414 页。

10　《中国考古 60 年——湖南省》，国家文物局主编《中国考古研究 60 年（1949 ～ 2009）》，第 365~384 页。

化石[11]的年代，南江旧石器文化年代在 25 万年以前。具体年代有待今后的田野发掘工作与年代学研究来进一步证实。

蟠龙洞是一处位于云浮市云城区狮子山西麓的石灰岩洞穴，裂隙型发育，总长 526、宽 3、高 8 米。洞口向东，高出地面 12 米。洞口内 40 米处有黄褐色胶结堆积，含第四纪哺乳动物化石。堆积中出土 2 颗人类牙齿化石，其中一颗为左下第三臼齿，齿冠相当粗壮。齿冠咬合面似圆形，咬合面的各齿尖只有中度的磨损，其前、后、原、次等齿尖以及颊沟、远中沟、近中沟、舌沟、中央缺隙均清楚可见，而且相当发育。下次尖虽比下原尖稍小，但也很发育，在下次尖后面有一下次小尖存在，这是其原始特征的表现，可能属于 30 岁左右的青年个体。另一枚为左下第二前臼齿，齿根单支，已残，似乎还未发育完全，齿冠面各尖没有磨损的痕迹，据此估计可能属于一颗乳齿，和前者分属不同的个体，属于 10 岁左右的儿童。蟠龙洞第四纪哺乳动物群化石有 6 目 23 种，其中有巨羊化石，说明蟠龙洞动物群所反映的年代有可能早于马坝人和硐中岩两个地点，与人类牙齿化石本身所表现出来的结构较为原始的特征是一致的。因此，蟠龙洞人的年代有可能与马坝人同期或稍早，生存年代当为中更新世晚期。据测定数据，年代为距今 25.6 万年，早于马坝人地点的测年数据 23.7 万年，属于远古时期"西江走廊"中古人类东进的一支。

1958 年在韶关市曲江马坝狮子岩洞穴堆积中发现一个人类头骨化石，后被定名为"马坝人"，虽然只保存了不完整的颅骨和部分面骨，但据其形态仍可确定为早期智人，这个发现扩大了我国早期智人的分布范围，填补了我国华南地区人类进化系统上的空白[12]。根据新的研究数据，有学者提出马坝人不仅可能与西方人种基因存在交流，而且其年龄也可能由原本的距今 12.9 万年前推至距今 23 万年[13]。马坝人的发现奠定了广东省人类化石研究的基础，其重要意义毋庸置疑。

阳春独石仔遗址、封开黄岩洞遗址、英德牛栏洞遗址、英德青塘洞穴遗址可列为一组。它们的年代为距今 1 万年前后，属于从旧石器时代向新石器时代过渡的阶段，有学者认为可以划分为华南地区的中石器时代[14]。

1960 年，广东省博物馆在漠阳江东岸考古普查时发现了阳春独石仔洞穴遗址，后经过 1964 年、

11 邱立诚、张镇洪：《广东云浮蟠龙洞出土的人类牙齿化石》，《天道酬勤桃李香——贾兰坡院士百年诞辰纪念文集》，北京：科学出版社，2008 年。

12 邱立诚：《广东旧石器时代的人类及其文化》，《庆贺贾兰坡院士九十华诞国际学术讨论会文集——史前考古学新进展》，北京：科学出版社，1999 年。

13 高斌、沈冠军、邱立诚：《马坝人地点南支洞轴系定年初步结果》，《暨南大学学报》（自然科学版）2007 年第 28 卷第 3 期。

14 张镇洪、邱立诚：《人类历史转折点——论中国中石器时代》，南宁：广西人民出版社，1997 年。

1973 年和 1978 年三次发掘，共得遗物 400 余件，动物化石千余件[15]。独石仔遗址是广东为数不多的出土遗物比较丰富、地层保存较好的洞穴遗址，地层堆积具有明显的连续性。上文化层出有较多的打制石器和少量磨制石器，时代约在新石器时代早期；下文化层出土的石器打制方法较上层粗糙，并发现有人类牙齿和头盖骨以及犀牛、鹿、猪、牛等动物化石，年代可能在旧石器时代晚期[16]。阳春独石仔洞穴遗址约距今 15000—10500 年，被评为第七批全国重点文物保护单位。

发现于 1961 年的封开黄岩洞遗址位于广东省西部西江地区，根据遗址出土物和地层堆积的不同，可分为早期文化遗存和晚期文化遗存。早期文化遗存中出土有打制石器、穿孔石器、刃部磨制石器、砺石和其他石质品，并出有大量螺壳和猪、鹿、麂的骨骼等[17]。这批出土石器制作较为粗糙，加工简单，种类也比较贫乏，但部分器物刃部经多次锤击完成，这种技术多见于旧石器时代向新石器时代过渡的阶段。黄岩洞遗址中出有少量的磨制石器也预示着向新石器时代逐渐过渡。黄岩洞遗址测定年代为距今 11930—10950 年，稍晚于独石仔遗址，是广东省文物保护单位。

英德牛栏洞遗址位于北江西岸的云岭东南，1983 年进行第二次文物普查时发现，并于 1996 年和 1998 年进行了发掘，出土一批打制石器、少量磨制石器和陶片，以及大量兽骨，还发现了人的下颌骨、臼齿、腓骨、上臂骨等。根据出土遗物及其堆积，其文化内涵可分为三期。这是一处具有重要意义的史前时期洞穴文化遗存[18]，年代大致为距今 12000—8000 年，为研究岭南区域旧石器时代向新石器时代过渡提供了很好的实物资料，被评为广东省文物保护单位。

英德青塘遗址位于英德市青塘镇[19]，是华南地区旧石器时代向新石器时代过渡阶段的典型的洞穴遗址。遗址由黄门岩 1 至 4 号洞、狮头岩等洞穴组成，面积近 1000 平方米，发现晚更新世晚期至全新世早期连续的地层堆积。黄门岩 1 号洞发现一处距今 1.35 万年的墓葬及 3 处火塘遗迹；2 号洞文化层堆积丰富，出土石器（图 2）、骨角器、蚌器、陶器及动物骨骼等各类标本 1 万余件，其中包括华南地区年代最早的穿孔蚌器、广东最早的陶器、距今 2 万年的人类肢骨及头骨片化石等重要遗物；3 号与 4 号洞出土少量石器和动物骨骼。

青塘遗址连续的地层与文化序列，揭示出环境变迁与文化演进的耦合关系，为华南地区及东南

15　邱立诚等：《广东阳春独石仔新石器时代洞穴遗址发掘》，《考古》1982 年第 5 期。

16　广东省博物馆：《广东考古结硕果，岭南历史开新篇》，《文物考古工作三十年（1949~1979）》，北京：文物出版社，1979 年。

17　宋方义等：《广东封开黄岩洞遗址综述》，《纪念黄岩洞遗址发现三十周年论文集》，广州：广东旅游出版社，1991 年。

18　江惠生主编《英德牛栏洞遗址——稻作起源与环境综合研究》，北京：科学出版社，2013 年。

19　蔡奕芝等：《英德青塘洞穴文化遗存的研究》，《英德史前考古报告》，广州：广东人民出版社，1999 年；据广东省文物考古研究所发掘资料。

亚旧石器时代向新石器时代过渡阶段的学术研究提供了重要的标尺。墓葬与人骨的发现，对旧石器时代晚期原始宗教信仰、社会复杂程度、区域现代人群体质演化及扩散等方面的研究具有重大价值，是研究华南地区旧石器时代向新石器时代过渡阶段的聚落形态、早期陶器的出现与传播、现代人行为复杂化、区域史前文化间的关系等的珍贵资料。因此，青塘遗址被评为第八批全国重点文物保护单位。

图 2　英德青塘遗址出土的打制石器

越来越多的考古实物资料和越来越先进的科学检测方法，使广东地区的古人类演变历程越来越清晰。除上述的旷野遗址、洞穴遗址外，还发现和发掘了一批新石器时代的沙丘、贝丘和河流阶地、台地遗址，包括深圳咸头岭遗址、东莞蚝岗遗址、遂溪鲤鱼墩遗址、肇庆蚬壳洲遗址、佛山高明古椰遗址、韶关曲江石峡遗址、佛山河宕遗址、珠海宝镜湾遗址以及普宁虎头埔窑址等。

1981 年在深圳特区建设时进行的考古调查中发现了大鹏镇咸头岭沙丘遗址，其后于 1985—2006 年先后进行了五次发掘，发掘总面积近 2300 平方米。发现有房基和零散柱洞、红烧土堆积、灰坑等遗迹，出土遗物有陶器、石器。陶器以夹砂陶为主，少量泥质橙黄陶和白陶；纹饰以绳纹为多，贝划纹、贝印纹次之，还有划纹、弦纹、叶脉纹、编织纹、附加堆纹及彩绘等；器类有釜、罐、尊、簋、壶、圈足盘、盆、钵、碗、豆、杯、筒形杯、器座等；器形有圜底器、圈足器、圜平底和平底器。石器以磨制为主，打制次之，另外还出有一些有明显使用痕迹的天然石料工具，种类有斧、锛、凿、刀、拍、环、杵、敲砸器、砧、砺石、球等。咸头岭遗址以彩陶器为最大的特征，经放射性同位素碳十四测定，其年代为距今 7000—6000 年[20]。

蚝岗遗址位于东莞市南城区，1990 年进行初步调查，2003 年发掘。文化堆积较厚，文化内涵分为三期：一期的年代最早，出有灰坑 3 个，墓葬 2 座。陶器主要是圈足盘，表面施刻划、压印或镂孔，造成浮雕效果，并有少量素面夹砂陶罐和绳纹陶器；石器有石磨盘和石饼形器各 1 件。二期文化有房子遗迹，出土陶器以泥质红陶为主，此外为夹砂黑褐陶以及少量夹砂红陶。器形有彩陶圈足盘、夹砂陶釜（罐）、器座等，流行绳纹、刻划纹和镂孔，口沿压印锯齿状纹。出土石器包括尖状器、饼形器、石刀、石拍、石磨盘、锛、斧等，锛和斧经过磨制。三期文化有红烧土活动面 1 处，

20　深圳市文物考古鉴定所：《深圳咸头岭——2006 年发掘报告》，北京：文物出版社，2013 年。

出土陶器以夹砂褐陶为主，少量泥质灰陶和磨光黑陶，器形有釜、罐、圈足盘和器座等，饰细绳纹、刻划纹和贝划纹。据研究，蚝岗遗址的最早年代当与珠江三角洲流行白陶的年代差不多，与深圳咸头岭遗址年代相当或略晚。推测一期年代在距今 6000—5000 年，二期距今 5500—5000 年，三期距今 4500—4000 年[21]，被评为第七批全国重点文物保护单位。

位于南海北部湾滨海的遂溪鲤鱼墩贝丘遗址中的墓葬，包括蹲葬、屈肢葬[22]等（图 3），其屈肢葬的埋葬习俗，与广西桂林甑皮岩遗址[23]、邕宁顶蛳山遗址[24]墓葬中显示的埋葬习俗有着千丝万缕的关系，被评为广东省文物保护单位。鲤鱼墩遗址的文化内涵可分为三期，一期年代距今约 8000 年以上，二期年代距今约 6000—5000 年，三期年代距今约 5000—4000 年。遗址反映了原始穴居人类走向江边河岸和滨海的足迹。

图 3　遂溪鲤鱼墩遗址的屈肢葬

肇庆市蚬壳洲遗址发现于 1984 年，分别于 1986 年和 1987 年进行了两次发掘，共 378 平方米，文化层含有大量的贝壳。清理墓葬 27 座，发现人骨架 31 具，大部分为单人葬，也有双人合葬和三人合葬，葬式以侧身屈肢葬为主，也有蹲葬、双手反捆俯身屈肢葬，部分头骨上有人工拔齿痕迹，个别墓葬有一至两件随葬品。出土陶器中，夹砂陶数量大于泥质陶，手制，火候低。夹砂陶器多饰绳纹；泥质陶有白色陶衣，其上饰赭色带状纹样，属于一种彩陶。器形有釜、罐、盘，流行圜底器或圈足器。石器有双肩锛、多孔刀，以及骨器笛、笄。出土的贝类标本中，处于淡水环境的种属个体数量占 80%，处于咸淡水之交环境的种属个体数量占 20%，说明此遗址属于河岸型贝丘遗址。碳十四测定人骨标本的年代为距今 5130±100 年[25]。蚬壳洲遗址的彩陶器可以认为是深圳咸头岭遗址的发展，但其埋葬习俗却属于粤西的葬俗，与遂溪鲤鱼墩墓葬同一渊源。蚬壳洲遗址被评为广东省文物保护单位。

佛山高明古椰遗址发现于第二次全国文物普查，2006 年因广明高速公路建设而发掘，面积

21　苏桂芬主编《东莞蚝岗遗址博物馆》，广州：岭南美术出版社，2007 年。

22　广东省文物考古研究所等：《广东遂溪鲤鱼墩新石器时代贝丘遗址发掘简报》，《文物》2015 年第 7 期。

23　中国社会科学院考古研究所等：《桂林甑皮岩》，北京：文物出版社，2003 年。

24　中国社会科学院考古研究所广西工作队：《广西邕宁县顶蛳山遗址的发掘》，《考古》1998 年第 11 期。

25　广东省博物馆等：《高要县龙一乡蚬壳洲贝丘遗址》，《文物》1991 年第 11 期。

1000 多平方米。出土陶器有釜、钵形釜、圈足盘、罐、钵等，饰绳纹、刻划水波纹、半圆纹等，其中最具特色的是圈足盘内壁多见放射状彩条纹，这是彩绘陶器衰落期的遗留。石器有斧、锛、凿、拍、砺石等，并有相当数量的霏细岩双肩石器，这类石器来自于西樵山石器制作场。还有一些加工的木器，可能是船上使用的木桨。更为重要的是发现了一批动植物遗存，除大量贝壳和少量动物骨碎外，还有许多果核、木片、竹片、树叶等，意义重大。古椰遗址的考古年代约在新石器时代晚期，距今约为 5000—4300 年，是探讨珠江三角洲地区古环境及与粤西北地区古文化关系的新资料[26]。古椰遗址被评为第七批全国重点文物保护单位。

曲江马坝石峡遗址发现于 1972 年，已发掘面积 3000 多平方米，根据地层和墓葬叠压打破关系，108 座墓葬可分为四期，并将前三期和遗址第三层作为一个整体命名为石峡文化。以盘形鼎、釜形鼎、圈足盘、三足盘、圜底釜、深盘豆等陶器（图 4）及弓背锛（镵）、有段锛、钺、铲等石器为石峡文化的典型器物，距今约 5000 年前后。石峡遗址的年代为新石器时代至周代[27]，被评为第五批全国重点文物保护单位。西江流域封开县杏花镇的乌骚岭等地发现墓室小且浅的二次墓葬，其中乌骚岭的 150 平方米内就有 111 座墓[28]，遗物与石峡文化的既有区别又有相似之处，可将其作为石峡文化的一种地方类型。乌骚岭墓葬经碳十四检测为距今 4600—3900 年。

图 4　石峡文化的陶器

26　崔勇：《广东高明古椰贝丘遗址发掘取得重要成果》，《中国文物报》2007 年 1 月 12 日第 1 版。

27　广东省文物考古研究所等：《石峡遗址》，北京：文物出版社，2014 年。

28　广东省文物考古研究所等：《石峡遗址》。

佛山河宕遗址于 20 世纪 60 年代被广东省文化局文物工作队发现，1977 年冬至 1978 年夏进行发掘，面积 776 平方米。清理同时期的墓葬 77 座，出土陶器、石器、玉骨角牙器以及贝类壳体、陆生动物和水生动物骨骼等，是佛山地区发掘同时期墓葬最多的一处，墓葬中还有一批保存比较完整的人骨，部分有拔牙风俗，对研究广东地区，尤其是珠江三角洲的史前文化至关重要，被命名为"河宕文化"[29]，1989 年列为广东省文物保护单位。河宕遗址发掘有四个较为重要的收获：一是陶器的主要器形是釜、圈足罐、黑皮圈足盘，陶器纹样是各种云雷纹、叶脉纹、规整曲折纹、双线方格凸块纹等，陶器上还有 44 种刻划符号（陶文），把石湾的制陶历史提前了两千多年；二是石器中的双肩石器，部分是西樵山的霏细岩石料，说明河宕遗址受到西樵山文化的强烈影响；三是墓葬中多具人骨有拔牙现象，男性墓头向西，女性墓头向东，这种葬制是探讨河宕遗址族群的重要资料；四是河宕遗址的年代大致为距今 4500—3500 年，可分为两期，对于研究同类遗存及西樵山文化晚期的年代极为重要。

　　位于珠海高栏岛的宝镜湾遗址发现于 1998 年，其后进行了四次发掘[30]。据地层与遗迹、出土遗物的关系，可将其分为三期，参考测年数据，绝对年代为距今 4500—3500 年，即新石器时代晚期早段至青铜时代早期。发现有祭祀遗迹和一批船用石坠，还有陶器、石器、玉器等。研究者认为，宝镜湾遗址居民很可能就是宝镜湾岩画的制作者，这使宝镜湾遗址具有更为特别的意义，引起各有关学科的学者们长久的关注。宝镜湾遗址被评为第六批全国重点文物保护单位。

　　虎头埔窑址位于普宁市流沙镇广太墟，年代为新石器时代晚期。1982 年发现，同年与 2003 年两次发掘，清理出 18 座陶窑和 5 座灰坑，还发现房屋基址一座。陶窑均为横穴式窑，顶部塌毁。窑内壁及底部用黄色沙土拌草糊抹，经高温焙烧而成。窑的平面有两种形状，一是圆形横穴式，直壁，平底，有长方形烟道，内径 1.85、残高 0.55 米；二是"8"字形横穴式（图 5，a），可分窑室、火膛、火道三部分，窑室坡度为 15°～ 20°，火膛与火道的底呈弧形，窑长约 2 ～ 3 米，窑室直径 1.58 米。推断灰坑是制陶用的炼泥池（图 5，c）；房屋基址总面积约 8 平方米，推测是窑工进行陶业生产时放置陶坯或者存储成品陶器的工作间（图 5，b）。窑址出土大量印纹陶片及制陶用的河卵石，陶器烧制火候不高，主要为罐类，以斜肩、垂腹、矮圈足居多（图 5，d），纹样有条纹、间断条纹、长方格纹、曲折纹、重圈纹、叶脉纹、编织纹等，有的加饰附加堆纹。虎头埔窑址绝对年代为距今 4000 年左右[31]，被评为广东省文物保护单位。

29　广东省博物馆、佛山市博物馆：《佛山河宕遗址——1977 年冬至 1978 年夏发掘报告》，广州：广东人民出版社，2006 年。

30　广东省文物考古研究所等：《珠海宝镜湾》，北京：科学出版社，2004 年。

31　魏峻：《普宁市虎头埔新石器时代窑址发掘报告》，《揭阳考古》，北京：科学出版社，2005 年。

图5 普宁虎头埔窑址
a.窑穴（Y2）b.房基（F1）c.灰坑（H3）d.垂腹圆足陶

| 三、青铜时代 |

东莞村头遗址位于虎门镇村头村大山园岗丘，是一处距今约4000年的夏商时期贝丘聚落遗址[32]。分布面积约1.7万平方米，核心区6500余平方米，考古发掘房基、灶、灰坑、壕沟、墓葬等遗存。居住区在遗址东北部，发现大量圆形、圆角方形、方形房址，均为地面建筑，木骨泥墙，有的屋内可见灶坑，屋外密布柱洞。非成年人墓葬密集分布在遗址东北部，墓葬东西向，多仰身直肢葬。公共活动区在遗址中部，垃圾区在遗址南部，功能划分明确。出土大量陶器、石器、骨角蚌器及猪、狗的骨骼遗物，陶器具有珠江流域文化特征。东莞村头遗址是广东已发现同期遗存中发掘面积最大，遗存最丰富，出土文物种类最多、数量最大的先秦贝丘遗址，被评为第八批全国重点文物保护单位，

---

32 广东省文物考古研究所等：《东莞村头遗址第二次发掘简报》，《文物》2000年第9期。

图 6　池尾后山遗址鸡形陶壶

对构建珠江三角洲地区先秦文化序列具有重要意义，为研究中国南方沿海地区青铜时代人类生产生活、聚落规划布局、岭南文明进程等提供了重要资料。

池尾后山遗址位于普宁中部和练江中游冲积平原的交界处，于 1983 年 10 月发现，因遗址破坏较严重，发现的墓葬及随葬品不多。但出土陶器的种类和器物形制较有特点：出土陶器以泥质灰陶凹底为典型器，并流行用手压捏器身，使器腹横截面呈椭圆形，口沿两侧出现流口的做法，出土 7 件形制独特的鸡形壶（图 6）。后山遗址出土的凹底罐从形制特点到器表花纹与石峡遗址三期文化有较大区别，反映了同时期不同地区的地方特色。据初步研究，后山遗址的年代相当于夏商之际或商代早期，距今约 3500—3000 年[33]。

屋背岭遗址位于深圳市南山区西丽镇[34]，发现于 1999 年，2001—2002 年进行正式发掘，清理商代墓葬 94 座，均为土坑竖穴墓，多属小型墓，随葬品数量多者五件，少者一件，普遍为两三件。以陶器为多，种类有釜、罐、尊、豆、壶、碗、钵、杯、器座和纺轮等；有少量石器，种类有斧、锛；灰坑中出有玉玦；采集到石戈。屋背岭遗址是广东发现商代墓葬最多的地点，可分为三期：第一期年代约在夏商之际；第二期相当于商代早中期；第三期为商晚期。此外，屋背岭遗址还发现 6 座战国中晚期的墓葬，出土遗物有青铜斧、钺、刮刀，还有原始瓷碗、陶罐和砺石。总体考察，屋背岭遗址对探讨岭南地区的文明起源有着特殊的意义。

浮滨文化在粤东有较多的发现（图 7），1974 年于饶平县浮滨镇塔仔金山和联饶镇顶大埔山发掘 21 座土坑墓，以长颈大口尊、圈足豆、带流壶等釉陶器，与直内戈、三角矛、凹刃锛等石器和青铜工具兵器戈为基本组合，使我们认识到，这是南方地区受中原商周文化强烈影响的早期青铜文化[35]。在饶平、大埔、揭阳、丰顺、潮阳、普宁、揭西等地均发现浮滨文化墓葬（群），普宁、南澳、潮州、海丰等地发现浮滨文化遗存。浮滨文化的墓葬均为土坑竖穴，墓坑顺山势排列，墓向无一定规律，随葬品以戈（矛）、锛（凿）等石器和尊、豆、壶、罐等陶器为组合，戈类多属

33　广东省文物考古研究所等：《广东普宁市池尾后山遗址发掘简报》，《考古》1998 年第 7 期。

34　广东省文物考古研究所等：《深圳屋背岭遗址发掘报告》，《考古学报》2004 年第 3 期。

35　广东省博物馆等：《广东饶平古墓发掘简报》，《文物资料丛刊 8》，1983 年。

图 7　浮滨文化出土器物
a. 石璋（揭阳仙桥遗址）b. 石戈 c. 石锛

原始型，形制多样。在普宁牛伯公山遗址发现有房址柱洞、灰坑、沟、红烧土面等，出土遗物有尊、豆、釜、罐、钵等陶器，石器组合为戈、矛、锛、凿，一般认为这类遗存的时代为商代中晚期至西周前期[36]。1986 年对大埔县枫朗镇金星面山、屋背岭、斜背岭进行了发掘，清理墓葬 21 座，随葬器物组合有尊、壶、豆、罐（釜）等陶器，且各墓随葬品的数量多寡不一，贫富分化明显。陶器中釉陶占很大比例，多数火候较高，石戈形制较进步，文化面貌和饶平浮滨的墓葬较为接近，相当于商代[37]。

青铜器多见于墓葬遗存。横岭山墓地位于博罗县罗阳镇[38]，发现于 1999 年，2000 年发掘了 8500 平方米，清理墓葬 332 座，其中商周时期墓葬 302 座，被评为广东省文物保护单位。墓葬形制主要是狭长形的中、小型墓，有二层台的 18 座；有底坑的 11 座，其中两座分别为平底和圆形平底，其他为不规则形，两座底坑出土玉石类随葬品，其他未见器物；有壁龛的 2 座。这类带底坑的墓葬，与西江流域带腰坑的青铜器墓有较大的区别，后者腰坑中常见一件大陶瓮或大陶罐。因此，推测地处东江流域的周代横岭山墓与西江流域的周代墓，其墓主人应是百越族中不同的族群。横岭山墓随葬器物以陶器、原始瓷器和青铜器为主，其他有玉器、水晶器、砺石等。陶器有瓮、罐（图 8）、尊、瓿、簋、壶、豆、

36　广东省文物考古研究所等：《广东普宁市牛伯公山遗址的发掘》，《考古》1998 年第 7 期。

37　广东省博物馆等：《广东大埔县古墓葬清理简报》，《文物》1991 年第 11 期。

38　广东省文物考古研究所等：《博罗横岭山》，北京：科学出版社，2005 年。

杯、釜等，陶器纹样以夔纹、云雷纹、菱格凸块纹、方格纹等多种纹样组合为特色，部分陶器也施釉；原始瓷器则主要是豆类，釉多呈黄绿色，易脱落；青铜器有甬钟（图 9）、鼎、斧、锛、凿、刮刀、钺、矛、戈、剑、叉、镞等，甬钟、鼎、戈、剑的数量不多，可能是社会地位较高者才拥有。初步研究，青铜器的年代最早可能在西周中晚期，如凤鸟纹甬钟、圆涡与夔龙组合纹鼎、夔纹与卷云纹戈等，其特点既与外省区同类相近，也有本身特色，当为本地制品。横岭山墓葬的发掘为认识广东地区西周时期考古文化提供了一把钥匙，为确认大梅沙文化（Ⅱ区）的年代最早可到西周时期提供了很好的材料。

图 8　博罗横岭山墓地的夔纹与方格纹组合陶罐　　　　　图 9　博罗横岭山墓地的青铜甬钟

　　深圳大梅沙遗址是青铜时代比较重要的发现。1982 年文物普查时发现，1992 年进行发掘[39]。遗存分为新石器时代（Ⅰ区）和青铜时代（Ⅱ区）。Ⅱ区出土大量几何印纹陶器，其中多为夔纹陶器，也有原始瓷豆，纹样多为组合纹，如夔纹与方格纹、云雷纹、凸格或凸点纹组合，种类有瓮、罐、豆、钵、杯、器座、纺轮等，多见圜底器，少量圜凹底和圈足器，部分陶器的器身有刻划符号。石器有斧、锛、凿、砺石。清理同时期的墓葬 10 座，均为长方形竖穴土坑，有的墓底置一个直径与深度均为 0.2 米的小坑，但坑内无器物，为象征性的腰坑，其中 6 座有青铜器，包括短剑、矛、斧、钺。在该地点还采集到青铜镞和戈，应亦是墓葬遗物。大梅沙文化的年代可在西周至战国早期。

　　周代墓葬在广东的西江流域比较普遍，包括广宁、肇庆、罗定、德庆、怀集、四会等地。这些墓葬出土的青铜器随葬品有鼎、罍、鉴、盉、壶、盘、缶、编钟、钲、铎、剑、矛、镞、钺、斧、凿、

39　深圳市博物馆：《广东深圳大梅沙遗址发掘简报》，《文物》1993 年第 11 期。

篾刀、匕首、叉、镰、锯、削和人首柱形器等。有少量的陶罐和瓮。大中型墓常见一种人首柱形青铜器，上端为人首，下端为方柱，目前仅见于广东境内北江及西江流域，应是当地越人特有的一种器具[40]（图10）。随葬青铜器的组合在墓内有一定的规律，有炊器、容器、乐器、兵器、工具及杂器。兵器和工具数量最多，容器较少且铸造相当精美。从器形和纹饰看，这些青铜器有的与长江流域的相似，如鼎，分为折沿直口、盘口半环耳、敛口附耳等式，三实足细长外撇，耳饰云雷纹、绚纹和绳纹，壁甚薄。这类鼎在江苏、江西、湖南等地均有出土，受到楚文化的影响。东周青铜器墓主要分布在西江流域，从一个侧面反映了东周时期西瓯（包括古苍梧）、骆越青铜文化较为发达的事实。

图 10　西江流域出土的人首柱形青铜器

1996 年起在博罗银岗遗址进行了较大规模的发掘，发现了以"米"字纹、方格纹、方格斜线纹、篦点纹、篦梳纹为主要纹饰特征的陶器群，叠压于以夔纹、云雷纹、方格凸块纹等为主要纹饰特征的陶器群之上[41]，证明以夔纹陶为特征的文化层要早于以"米"字纹陶为特征的文化层，这为解决两者年代的早晚关系提供了重要的地层依据。博罗银岗遗址被评为广东省文物保护单位。

1962 年先后发掘了增城西瓜岭和始兴白石坪两处窑址，均以"米"字纹、方格纹、篦点纹、篦划纹等为陶器的主要纹饰。增城西瓜岭清理了一条残长 9.8 米的龙窑，始兴白石坪出土了两件铁器[42]。这类遗存被命名为"西瓜岭文化"，西瓜岭文化的年代为战国中期至西汉早期，即在戳印方格纹出现之前。

1987 年，韶关乐昌对面山发现大批古墓，共清理发掘墓葬 207 座，其中 191 座为东周至秦汉时期墓葬，11 座为晋唐时期墓葬，5 座无随葬品，年代不明。根据墓葬形制特点及随葬器物的组合，结合一些带文字的典型器物，可以将对面山墓葬分为三期，各期又可分前、后两段。第一期前段出

40　邱立诚：《广东东周时期青铜器墓葬制刍议》，《广东出土先秦文物》，香港中文大学出版，1984 年。

41　广东省文物考古研究所：《广东博罗银岗遗址发掘简报》，《文物》1998 年第 7 期；广东省文物考古研究所：《广东博罗银岗遗址第二次发掘》，《文物》2000 年第 6 期。

42　广东省文物管理委员会等：《广东增城、始兴的战国遗址》，《考古》1964 年第 3 期；莫稚：《广东始兴白石坪山战国遗址》，《考古》1963 年第 4 期；廖晋雄：《广东始兴县白石坪战国晚期遗址》，《考古》1996 年第 9 期。

土的典型器物主要是陶器，纹饰有拍印组合纹，以夔纹为典型代表，同类器物与博罗银岗一期文化出土遗物相似，出土的铜戈饰勾连雷纹，这类遗物大致属于春秋时期。一期后段主要随葬品有鼎、匕首、矛、斧、锸等青铜器，和瓿、鼎、罐等陶器，多数器物与博罗银岗二期文化相似，铜鼎、铜矛、铜斧均和战国时期流行的型式相同，陶瓿也属于同一型式，方格交叉纹陶罐是战国时期的典型器，因此推断一期文化的后段年代为战国时期。二期、三期为秦汉时期[43]。

｜四、历史时期｜

这个时期的考古成果可以分为两段来论述，其一是秦汉至南朝，其二是隋唐至明清。

1. 秦汉至南朝

广东至今为止尚未发现有绝对纪年的秦墓。广州地区庄螺岗的一座木椁墓，出土的一件铜戈内部刻有"十四年属邦工……"等 12 字；广州西村石头岗的一座木椁墓，出土一件漆奁，盖面烙印有"蕃禺"2 字。这两座墓葬的年代被判断为秦代[44]。汉朝是广东历史发展的重要时期，墓葬分布较广，广州、韶关、乐昌、徐闻、佛山、封开、番禺的发现较为集中，在揭阳、普宁、澄海、梅县也有发现，其中广州发现的最多，已清理的两汉墓葬已有 800 多座，可分为西汉早、中、晚期，东汉前、后期[45]。

乐昌对面山墓群是广州以外较大的一处墓地。第二期为秦至西汉，第三期为东汉。全部为土坑墓，葬具及人骨均朽烂无存，部分墓坑有木椁痕迹，砖室墓并不流行。西汉前期的陶器可分两大类，一类是具有地方特色的瓮、罐、三足盒、提筒、缶；另一类为鼎、盒、壶、钫组成的"礼器"。西汉中期起，汉式器物逐渐替代了地方特色的器物。乐昌对面山 116 号墓出土一件陶罐，器表刻有"初元五年十月甲申郴黄稚君……"等 43 个汉字，是广东古代陶器上刻文最多的器物，至为珍贵[46]。

广东汉代考古中，以广州象岗山南越王墓（陵）的发掘最为著名，发现于 1983 年，构筑在象岗山腹心深处，墓坑采用竖穴与掏洞相结合的做法，是广东地区目前为止发现的规模最大的竖穴与掏洞相结合的一座石室陵墓（图 11）。从岗顶劈开石山深 20 米，平面呈"凸"字形，墓前端东西侧筑耳室，南面有斜坡墓道。墓室用 750 多块红砂岩巨石仿照前堂后寝的形制砌筑成，前部三室，后

43　广东省文物考古研究所等：《广东乐昌市对面山东周秦汉墓》，《考古》2000 年第 6 期。

44　广东省地方史志编纂委员会：《广东省志·文物志》，广州：广东人民出版社，2007 年。

45　广州市文物管理委员会等：《广州汉墓》，北京：文物出版社，1981 年。

46　广东省文物考古研究所等：《广东乐昌市对面山东周秦汉墓》，《考古》2000 年第 6 期。

部四室，墓前有木构的外藏椁。墓主棺椁位于后部主棺室，已朽，仅余少量遗骸。墓主身穿丝缕玉衣，随葬大量玉佩饰，还有"文帝行玺""泰子"金印和"赵眜"玉石印等共九枚分置于玉衣之上。墓中发现15位殉人，其中"右夫人"等四位是墓主的姬妾。出土文物1000余件／套，其中玉器200多件，除我国首见的丝缕玉衣外，还有犀角形杯、承盘高足杯、盒、卮等5件玉容器。11套

图11 广州象岗山南越王墓（陵）

组玉佩饰，58件玉剑具等最具特色。青铜器中有刻"文帝九年乐府工造"等铭文的八件大小相套的勾鑃、刻"蕃禺"铭文的铜鼎、四艘战船纹铜提筒、"王命＝车徒"错金铭文铜虎节等。另有4000多颗墨丸，是我国出土汉墨数量最多的一次[47]。南越王墓（陵）被列为全国重点文物保护单位。南越国由于地处西汉疆土的最南方，虽然是西汉的番属国，但更像一个独立的王国。关于南越国的历史，《史记》《汉书》和《南越五主传》等史书都有记载，但内容较为简单。南越王墓（陵）的发掘，对于了解南越国的历史和当时岭南地区的情况都提供了非常宝贵的资料。

　　汉墓中普遍出现铁器，是社会生产力显著提高的标志。随葬品中常见陶牛作明器，广州沙河顶一座东汉墓随葬一件陶牛圈[48]，佛山澜石东汉墓出土一件陶水田模型器[49]，生动显示了农业在当时得到的重视。南越王墓出土不少于200个黄胸鹀（禾花雀），说明珠江三角洲在西汉初年已稻田连片，水稻的种植面积相当可观。南越王墓中残留的稻、黍、高粱、梅、酸枣、橄榄、乌榄、人面子、荔枝等粮食和果类，以及汉墓中常见的用于贮粮的仓、囷模型器和各种家禽家畜动物陶塑等，展现着岭南地区农业生产丰收的场景。

　　南越国王宫遗址的发现和发掘是这一时期广东考古的又一个重要成果。1988年在北京路新大新百货公司大楼建筑工地发现并揭露出两组南越国时期的大型砖铺地面，面积达130多平方米[50]。在南

47　广州市文物管理委员会等：《西汉南越王墓》，北京：文物出版社，1991年。

48　广东省博物馆：《广州沙河顶发现一座东汉墓》，《考古》1986年第12期。

49　广东省博物馆：《广东佛山市郊澜石东汉墓清理简报》，《文物资料丛刊4》，1981年。

50　《广州市中山五路汉代建筑遗址》，《中国考古学年鉴（1989）》，北京：文物出版社，1990年。

越国王宫遗址的历次发掘中，尤以石构方池和曲渠组成的宫苑遗址最为重要。方池呈仰斗状，面积约 4000 平方米，清理 400 平方米，为石池西南的一角，池壁斜坡状，用砂岩石板呈密缝冰裂纹铺砌，石板上篆刻有"蕃""阅"等字。池底距地表 8 米，用碎石、河卵石平铺，池中有一条巨型叠石柱向西南倾倒。池内出有八棱柱、石栏杆、石门楣、绳纹板瓦、筒瓦、"万岁"瓦当等。在池南壁的石板斜坡下，埋藏着一条木质的导水暗槽，向南延伸，与石构曲渠相连接。石构曲渠已揭出 150 米，由东向西蜿蜒回转如蛇引。渠体两壁高约 0.7 米，渠口宽 1.4 米，渠中横卧两个"渠陂"和三个"斜口"，底铺石板，其上密排灰黑色河卵石。当方池的蓄水导入渠中，流水会出现粼粼碧波的人工水景。石渠东头连接一座弯月形柱，出凸榫，池的上部还有建筑结构，已毁不明，池底发现几百个龟鳖残骸，叠压厚度约 0.5 米，由此推测斜口可能供龟鳖爬行进出。曲渠之西，有石板平桥和步石，出水闸口外接木质暗槽，把渠水倒流西去。这是中国目前所知年代最早、保存较好的宫苑石构水景实例。在石方池之西，发现一口砖井，砌作精工，尚存深 9 米，井下铺石板，有五个透水孔，石板之下铺一层细沙以滤水。在遗址南边有一段长约 20 米的宫殿走道，宽 2.55 米，当中平铺砂岩石板，两侧用 70 厘米 ×70 厘米的印花大砖夹边[51]。走道上还有残瓦件，可见南越王宫是毁于大火的，这个推测与《史记》《汉书》关于汉武帝元鼎六年（公元前 111 年）汉兵陷番禺，"纵火毁城"的记载正相符合。之后的发掘中也有不少重要的新发现：2004 年，在南越国宫殿遗址的一个汉代井中发现了南越国木简 100 余枚（图 12），该批木简的发现不仅填补了岭南地区简牍考古的空白，改写了广东无简牍的历史，还极大地扩展了南越国史的研究范围，具有十分重要的学术价值。南越国御苑遗址被列为全国重点文物保护单位。

南越国木构水闸遗址位于广州市越秀区西湖路与惠福东路之间。水闸自北向南，闸门宽 5 米，南北长 20.1 米，两端呈"八"字形敞开。2000 年开始发掘，清晰地揭露了水闸的构造：其底部用方形或圆形枕木纵横放置形成基座，两侧竖木桩用榫卯嵌入枕木的两端，木桩内横排挡土木板，闸门两侧的中间各有一根木桩凿出凹槽，用来插板闸水。水闸的闸门位于闸室中部。闸室底部用方木或圆木组成矩形框架基座，以承托闸室。水闸底部北高南低，水由北向南流入珠江。南越国木构水闸遗址是南越国时期位于珠江北岸的大型水闸，在当时起到防洪、防潮及排水的作用。南越国木构水闸遗址为目前世界上发现的年代最早、规模最大、保存最完整的木构水闸遗址，对于南越国都城范围及广州城建历史的研究有重大意义[52]，被列为全国重点文物保护单位。

51　南越王宫博物馆筹建处等：《南越宫苑遗址》，北京：文物出版社，2008 年。

52　《2000 多年前的文明　南越国遗迹》，《中国文化遗产》2007 年第 2 期。

梅州市五华县五华山下谷地之中的狮雄山汉代"长乐台"遗址，自1984年起进行了多次发掘，经考古发掘得以确认为南越国"四台"之一。狮雄山遗址遍布山岗顶部，总面积约22万平方米，可分为宫殿区、作坊区和一般居住区，城外有墓葬区。秦汉时期遗迹主要分布于狮雄山南岗经人工修整的四级台地上，被环绕壕沟划分为南、北两个区域。壕沟将人工壕沟与天然河道有机联系起来，构成了一个规模宏大的防御系统。发现建筑基址、排水沟、陶窑、水井、灰坑、灰沟等大量遗迹。出土大量建筑材料、陶器、石器、铁器，特别是出土的68枚钤印封泥，有"定楬之印""定楬丞印""蕃"等字样。狮雄山遗址是南越国时期赵佗所筑"长乐台（行宫）"，主体建筑为回廊式，从残存的遗迹推算，行宫面积约在1400

图12　南越国木简

平方米左右，是研究南越国历史的重要资料，对揭示秦汉王朝与南越国的政治、经济、文化、军事关系，以及岭南地区多元文化的碰撞融合均有重要价值。出土的绳纹瓦、"定"字瓦及其他遗迹，仍可依稀辨认出当年的风貌[53]，被评为第八批全国重点文物保护单位。1989年发现的阳春古旧塘汉代建筑遗址，出土有绳纹瓦和四叶纹铺地砖，遗址位于汉代临允县境内，推测该遗址是南越国时期赵佗所筑的"白鹿台"[54]。

经调查和发掘的汉代建筑遗址还有澄海、惠阳、徐闻、英德、南雄等地。澄海龟山汉代建筑遗址位于汕头市澄海区西北的上华镇，先后进行了三次发掘，揭露面积530平方米，发现有四座基址，其中F3为规模最大的一座，平面呈"凹"字形，布局为前庭后室，有配房、廊房，可能是上层统治者的活动场所。出土遗物有瓦当、铺地砖和大量陶器及少量铜铁器等。年代约在西汉前期后段到东汉，下限或可至三国时期，初步认为龟山遗址可能是汉代揭阳县治故址[55]，被评为广东省文物保护单

53　广东省文物考古研究所：《五华狮雄山》，北京：科学出版社，2014年。

54　广东省博物馆等：《阳春汉代遗址及明清墓葬发掘简报》，《广东文博》1990年第1期。

55　广东省文物考古研究所等：《广东澄海龟山汉代建筑遗址》，《文物》2004年第2期。

位。徐闻汉代遗址位于濒临海边的二桥村与仕尾村，已找到部分建筑遗迹，但未能确认其基址形制。绳纹瓦分别范围很广，并出有"万岁"瓦当、铺地砖和刻有"臣固私印"的龟纽铜印[56]，推测与汉徐闻港和徐闻县治有关，被评为广东省文物保护单位。

广东晋朝的考古发掘资料也比较丰富。在广州西村晋墓中出有"永嘉世天下荒余广州皆平康""永嘉世九州空余吴土盛且丰"的砖铭[57]，反映了岭南政治相对稳定，社会经济长足发展的情景。这时期埋葬习俗有显著变化，薄葬盛行，长方形砖室小墓与少而简单的青釉陶瓷器取代了墓室规模较大且结构复杂、随葬器物丰富的汉墓。但也出现了墓室平面呈"凸"字形、"中"字形、"串"字形等较大型的墓葬，墓内还设有祭台、壁龛、灯台等。随葬器物有罐、钵、盂、壶、碗、杯、盒、砚等陶瓷器，及盆、剑、刀、斧、剪刀、熨斗、灯盏、耳挖、顶针、镯、环、叉、簪、钱币等金、银、铜、铁器。

在连州市的"永嘉六年"墓出土一件水田犁耙模型[58]；广州黄埔姬堂西晋永嘉年的2、3号墓共出土三件水田模型，每块水田上都塑有犁田、耙田、开水沟、修理农具的俑及耕畜等，形态各异，栩栩如生[59]，说明此时期岭南农作技术得到显著提高。1981年广州市沙河顶清理了一座西晋墓，为带耳室砖室墓，随葬有青釉鸡首壶、骑马俑、唾壶等，牛车、骑马俑、簋等都是广州地区西晋墓的首次发现[60]。广州市下塘狮带岗清理四座晋墓，分为单室和双室两种结构，随葬品中有两件比较引人注目：一件是八耳罐，另一件是鸡首壶，造型风格与同时代其他地方的出土器物风格明显不同[61]。2004年，广州市文物考古研究所对广州市淘金东路中星小学的12座墓葬进行了抢救性勘探和发掘，其中有两座南朝墓[62]，一座出有滑石买地券，为确定墓葬年代提供了重要依据，买地券上的内容对研究当时的历史也颇具意义。

乳源瑶族自治县泽桥山发现了一处以砖室墓为主的大型墓地，清理出99座墓葬，分为两期。前者为六朝时期，相当于东晋晚期至南朝陈末，后者为隋唐时期。第一期墓葬中出有东晋废帝太和三年（368年）纪年砖，另有东晋孝武帝太元十八年（393年）纪年砖。从东晋晚期至南朝初期以点成

56 广东省文物考古研究所等：《广东徐闻县五里镇汉代遗址》，《文物》2000年第9期。

57 广州市文物管理委员会：《广州市西北郊晋墓清理简报》，《考古》1955年第5期。

58 徐恒彬：《简谈广东连县出土西晋犁田耙田模型》，《文物》1976年第3期。

59 广州市文物考古研究所：《广州晋代考古的重要发现——黄埔姬堂晋墓》，《广州文物考古集》，北京：文物出版社，1998年。

60 广州市文物管理委员会：《广州沙河顶西晋墓》，《考古》1985年第9期。

61 广州市文物管理委员会：《广州市下塘狮带岗晋墓发掘简报》，《考古》1996年第1期。

62 广州市文物考古研究所：《广州市淘金东路中星小学南朝墓发掘报告》，《羊城考古发现与研究（一）》，北京：文物出版社，2005年。

线的"带状组合式"到南朝墓葬以点成面、点面并存的"板块结合式"，再到盛唐及其以后的"散点分布式"，概括了泽桥山墓地墓葬平面分布的主要发展轨迹[63]。

肇庆坪石岗东晋墓发掘于 2001 年，规模较大，形制结构复杂，墓地的排水设施非常考究，在广东罕见。墓主为"苍梧郡广信侯"（图 13）。随葬品丰富多样，有玻璃器、青瓷狮形水注、虎子和陶马、城堡、水田、井、畜圈等模型以及金银器等多件珍贵文物，具有较高的研究价值[64]。此外，在肇庆市康乐中路发现一座东晋墓葬，出土器物以青瓷器为主，有四耳罐、碗、盆、分格盒、唾壶、盂、托盘、勺、耳杯等，还有少量金银器和铜器；同时还发现有六座南朝墓葬，呈"串"字形、"凸"字形和长方形三种，出土器物也以青瓷器为主，少量釉陶器、陶器、铜器和滑石器等[65]。以上发现为研究该地区的历史面貌提供了丰富的实物材料。

图 13　肇庆坪石岗东晋"高□□广州苍梧郡广信侯"墓砖拓片

1983 年，罗定市罗镜镇发现一座南朝时期的夫妇合葬墓，平面呈"卝"形，墓壁系用顺砖砌成，后壁凿山砌筑，砌有券顶和直棂窗，棺椁均已朽烂无存。随葬器物 68 件，有罐、碗、杯、砚台、束颈瓶等陶瓷器，及金饰、铜镜、铁剪、滑石猪等。出土的青釉瓷器，釉色滋润。出土的一件金手镯刻有四组栩栩如生的神瑞兽草图案，带有西亚风格，十分罕见，是极其精美的艺术珍品[66]。

1984 年遂溪县附城区边湾村的村民在平整屋基时发现南朝时期的带盖大陶罐，里面装有一批金银器。这个陶罐距地表深 15 厘米，肩、腹各有四耳，肩部饰水波与弦纹组合纹，罐内的金器有碗、环、戒指，银器有碗、波斯银币、盒、镯、簪，铜器有鎏金盅。银币为波斯萨珊王朝所铸，年代在沙卜尔三世至卑路斯之间（383—484 年）。这批金银器制作风格相同，做工精细，划纹繁缛，线条流畅，

63　广东省文物考古研究所等：《乳源泽桥山六朝隋唐墓》，北京：文物出版社，2006 年。

64　广东省文物考古研究所等：《广州肇庆坪石岗东晋墓》，《华南考古 1》，北京：文物出版社，2004 年。

65　广东省文物考古研究所：《肇庆古墓》，北京：科学出版社，2008 年。

66　罗定县博物馆：《广东罗定县鹤咀山南朝墓》，《考古》1994 年第 3 期。

是研究南海"海上丝绸之路"的宝贵资料[67]。

2. 隋唐至明清

隋唐墓中最为大型的是茂名电白的隋谯国夫人陵墓，位于电白区电城镇山兜村娘娘庙后。坐西向东，四周墙垣清晰可辨，南北长 106、东西宽 120 米。墓城中间明显隆起，隆起范围略呈圆形，直径约 25 米。东南角外十余米有负碑赑屃一个，残损，石质青黑，上刻龟甲纹，长 150、宽 126、厚 72 厘米；碑槽长 65、宽 55、深 38 厘米。墓前竖有清嘉庆二十四年（1819 年）重立的墓碑一通，花岗岩质，其地面部分高 188.5、宽 71、厚 18 厘米。碑文为楷书阴刻："隋谯国夫人冼氏墓"，上款"嘉庆己卯"，下款"电白知县特克星阿、电茂场大使张炳立石"。广东省文物考古研究所曾对墓园遗址进行两次考古勘查，揭露面积 1600 平方米，出土南北朝至隋唐时期的莲花柱础、青砖、莲花纹瓦当、兽形瓦等建筑材料，以及罐、瓦盏、杯、香炉、砚台等陶瓷器和铜镜、铜钱等[68]。隋谯国夫人陵墓被评为第七批全国重点文物保护单位。

韶关的唐代宰相张九龄墓，位于韶关市武江区墩子头村翠珠岭，为唐开元二十九年（741 年）迁葬墓。墓面为半圆形构筑，砖室墓，平面呈"古"字形，通长 8 米，分墓道、耳室和棺室，墓道和耳室皆为券顶。棺室为锥形尖顶，有残存人物壁画。因该墓曾多次被盗，仅残存有随葬品陶罐、滑石器具、"张拯"陶砚和一方墓志铭，记录了张九龄的生平事迹[69]，为广东省文物保护单位。

1954 年发掘的南汉昭陵，位于广州市东圃石马村。墓地三面环山，墓前原有石马、石象等，为券顶砖室墓，有斜坡墓道，全长 11.64 米，内分主室、过道和前室三部分。该墓因被盗，随葬品仅剩陶瓷器，包括 30 多件青釉瓷罐和 100 多件灰陶罐。在少数墓砖的表面或一侧有刻划文字，其中一个刻有"乾和十六年四□兴宁军□"（砖残断，文字未完）等字样，"乾和"为南汉中宗刘晟的年号，据考证，此墓为刘晟的昭陵[70]。

南汉的德陵和康陵位于广州市番禺区新造镇小谷围岛上，2003—2004 年发掘。德陵位于北亭村东侧的青岗北坡，墓向北，有墓道，略作倾斜，北高南低，在南端近封门处放置 190 件青瓷罐和 82 件釉陶罐，墓分前室和后室，两壁上下有两层共 18 个壁龛，随葬品早年被盗，后壁龛有一个很大的盗洞（图 14）。此墓没有发现能够证明墓主人身份的遗物，以往多误认为是康陵。后经发掘证实康

67　遂溪县博物馆：《广东遂溪县发现南朝窖藏金银器》，《考古》1986 年第 3 期。

68　广东省文物考古研究所勘探资料。

69　广东省文物管理委员会等：《唐代张九龄墓发掘简报》，《文物》1961 年第 6 期。

70　商承祚：《广州番禺石马村南汉墓发掘简报》，《考古》1964 年第 6 期。

陵另有其墓，结合有关史料记载，认定该墓是南汉刘隐的德陵[71]。康陵在北亭村东南侧的大香山南坡，由地面陵园和地下玄宫组成。陵园有神墙、角阙、陵门，陵台由基座、神龛、祭台组成（图 15）。地下玄宫向南，由墓道、甬道、前室、中室和后室组成，两壁上下共有壁龛 30 个。出土遗物有莲花纹瓦当、双凤纹瓦当、兽面脊头瓦当、筒瓦、垂兽等建筑构件。墓室出土遗物有青瓷罐、盒、碗、盏，陶器罐、碗和水果像生香蕉、木瓜、菠萝、柿子等，还有玻璃器、玉片、串珠、玉洗、石俑残件。最为重要的是发现了哀册文碑，共 1062 字，载有"大有十五年……高祖天皇大地崩……迁神于康陵……"等内容。据此可确认此墓为南汉高祖刘龑之陵墓。德陵与康陵的发掘为研究我国古代陵寝制度提供了重要的实物资料，列为全国重点文物保护单位。

唐宋时期国力富盛，海外的交通贸易也得到极大发展，海外贸易的拓宽广泛激发了唐宋陶瓷业的发展。在这一时期，汕头、梅县、新会、鹤山、佛山、遂溪等地发现多处唐代陶瓷窑址。其中新会晚唐窑址的规模较大，窑炉多为馒头窑[72]，为广东省文物保护单位。1984 年发掘的梅县水车窑，发掘出两座馒头窑，出土遗物 85 件，有碗、壶、枕、器盖、碾轮等瓷器，以及匣钵、匣钵盖等窑具。用匣钵装烧的方法烧造瓷器，釉色青绿晶莹，堪称唐及五代（南汉）时期岭南瓷器的精品[73]。

"南海Ⅰ号"沉船的整体打捞方法以及沉船中满载的精美文物，成为中国考古史上大放光彩的一幕。自 1987 年发现以来，中国水下考古人员几经努力，至 2004 年，对"南海Ⅰ号"周围状况的水下探摸工作基本完成。2007 年，将"南海Ⅰ号"整体移入"水晶宫"——广东海上丝绸之路博物馆。

图 14　南汉德陵　　　　　　　　　　　　　　　图 15　南汉康陵

71　广州市文物考古研究所：《广州南汉德陵、康陵发掘简报》，《文物》2006 年第 7 期。

72　广东省文物考古研究所等：《广东新会官冲古窑址》，《文物》2000 年第 6 期。

73　杨少祥：《广东梅县市唐宋窑址》，《考古》1994 年第 3 期。

在调查、探摸和发掘阶段，"南海Ⅰ号"沉船发现大量属南方窑口的瓷器（图16）和较多铜钱，还有金手镯、金指环、镀金腰带、铜镜、铜环、银锭、铁器、锡器等[74]。更多的相关信息有待于"南海Ⅰ号"的进一步公布。

在"南海Ⅰ号"沉船打捞的同时，2007年5月在汕头南澳县云澳海域又发现了一条满载青花瓷器的沉船，被命名为"南澳Ⅰ号"[75]。"南澳Ⅰ号"出水文物多为青花瓷器，有盘、碗、罐、碟、钵、器盖、杯、粉盒等，器底多有"福""禄""大明年造"等款（图17），初步判断"南澳Ⅰ号"沉船年代可能在明隆庆至万历年间。推测这些瓷器主要来自闽南地区的漳州窑系和江西景德镇民窑，出发地为漳州月港。更详尽的资料待"南澳Ⅰ号"水下考古工作结束整理后说明。

图16 "南海Ⅰ号"沉船出水瓷器

潮州笔架山窑址位于潮州市东郊笔架山西麓，窑址鳞次栉比，有百窑村之称。1953—1986年多次进行调查和发掘，清理出10多座窑穴，均属龙窑（包括阶级窑），窑室内部用砖砌筑隔墙。产品以白瓷为主。器类有碗、盏、盆、钵、盘、碟、杯、灯、炉、瓶、壶、罐、盂、粉盒、人像、动物玩具等日用瓷和美术瓷，数量多，品种全，质地精。釉色有白、影青、青、黄、酱褐等多种，特点是釉质晶莹润泽，釉层较薄，一般不开片或有极细的鱼子纹片。纹饰以划花为主，还有雕刻和镂孔。

74 国家文物局水下文化遗产保护中心等：《南海Ⅰ号沉船考古报告之一——1989~2004年调查》，北京：文物出版社，2017年；国家文物局水下文化遗产保护中心等：《南海Ⅰ号沉船考古报告之二——2014~2015年发掘》，北京：文物出版社，2018年。

75 广东省文物考古研究所：《"南澳Ⅰ号"明代沉船2007年调查与试掘》，《文物》2011年第5期；广东省文物考古研究所等：《广东汕头市"南澳Ⅰ号"明代沉船》，《文物》2011年第7期。

笔架山出土一件瓷佛像座，刻有"水东窑"字样，证明这里就是文献记载中北宋时期的水东窑[76]。潮州窑生产瓷器已普遍使用斜坡式阶级窑，在装烧技术上也较前有不少改进，反映出当时瓷器的烧制技术工艺水平已越来越精湛。

图 17 "南澳 I 号"沉船出水瓷器

宋代西村窑位于广州市西村增埗河岸，1952 年发现。皇帝岗是西村窑场的主要遗存，堆积高约 7 米，发现一座龙窑，残长 36.8 米。烧制产品分粗瓷和精瓷两类，以前者为主，后者有青白瓷和影青瓷。釉色以青釉为主，黑酱釉为次，还有少量低温绿釉，器类有碗、盏、碟、盆、执壶、凤头壶、军持等 40 多种。西村窑烧制的瓷器在南海西沙群岛及菲律宾、印度尼西亚等东南亚地区都有出土或传世，是当时岭南地区生产外销瓷器的重要窑场[77]。

雷州半岛经过多次的文物调查和考古发掘，已经陆续发现唐代至清代窑址 100 多处，窑口 200 多座。雷州窑的烧造年代自唐至明初，以宋元为多，约占 70%。高度集中在今雷州市和遂溪县。其中比较知名的窑址位于雷州市纪家镇公益圩旁，1984 年发现，1986 年发掘，清理出一座残长 18.7 米的龙窑，出土窑具有匣钵、垫环、压锤、石碾槽等，瓷器有碗、盘、碟、炉、杯、钵、壶、瓶、罐、枕等，胎灰白色，施青釉或酱褐釉，有的呈冰裂纹，以釉下褐色彩绘最具特色。这里也是目前广东发现生产釉下褐彩瓷器的主要产地（图 18），是广东省文物保护单位。此类褐彩瓷器与雷州

76　广东省博物馆：《潮州笔架山宋代窑址发掘报告》，北京：文物出版社，1981 年；黄玉质等：《广东潮州笔架山宋代瓷窑》，《考古》1983 年第 6 期。

77　广州市文物管理委员会等：《广州西村窑》，香港中文大学中国考古艺术研究中心出版，1978 年。

市宋元墓葬所出同类器完全相同，应属同一时期及同一窑系的产品。遂溪下山井窑群面积约 4500 平方米，出土较多青釉瓷器，褐色器物次之，器类有碗、盏、杯等生活用品，盘、碟的形制较多，纹样有刻花、印花、褐色彩绘等。一件碗范有元代"大德九年"（1305 年）的铭文，证实了这处窑址的晚期年代[78]。

明代早期，雷州窑褐彩瓷品种减少，仅见罐、钵和碗，其根据是在明墓所见的雷州窑褐彩四系瓷罐，伴出"洪武三年"（1370 年）铜钱。此外，在与雷州半岛隔海的海南海口金牛岭明"宣德九年"墓[79]中也出土雷州窑褐彩瓷四系罐和敛口钵，宣德九年即为 1434 年，这可以说是雷州窑褐彩瓷的下限年代。

图 18　雷州窑瓷器

佛山南海发现有文头岭"官窑"和奇石窑[80]。据调查所见，文头岭窑亦属龙窑，烧造瓷器以青中带黄为主，还有黄褐、紫黑等釉色，器物主要是碗、盆、罐、杯，具有唐五代的风格。奇石窑位于南海小塘镇奇石村一带的多个山岗，据初步观察，有龙窑和圆形的馒头窑，烧造瓷器种类主要有罈、罐、盆、盘、碗、碟、杯、壶、瓶、盏等，以施青釉和酱黄釉为主，也有少量属窑变釉。装饰手法有印花、刻划和彩绘。彩绘瓷以铁锈色釉料为主，也有深褐色墨彩。纹样以菊花、卷草最多，其他有人物、兰草、水草等，见于盘、盆、瓶、罐等器形。奇石窑烧造的最为典型的器物

78　湛江市博物馆等：《雷州窑瓷器》，广州：岭南美术出版社，2003 年。

79　海南省文物考古研究所等：《海南海口金牛岭明清墓地发掘简报》，《南方文物》2001 年第 3 期。

80　广东省文物管理委员会：《佛山专区的几处古址调查简报》，《文物》1959 年第 12 期；黄晓蕙：《佛山奇石古窑与相关的几个问题》，《南方文物》2016 年第 5 期。

是在佛山澜石鼓颡岗出土的一件彩绘人物瓶（见本书第 174 页图版），器肩下绘一周缠枝花卉，器腹绘一周四个人物形象，服饰一样而动作表情不同，生动地表现了从喝酒到醉后入睡的过程，描绘手法传神逼真，将酒香人醉的情景刻画得惟妙惟肖，是非常难得的艺术品。在窑址的堆积物中，有的器物拍印有"嘉祐""政和二年""政和三年""政和六年"等年款和印记（图 19）。奇石窑的年代为北宋时期。上述几处窑址与明清时期的石湾窑可能有传承和发展的关系。

广东省的明清时期田野考古发掘工作开展相对不是很多。这一时期的制瓷业比较发达，主要在粤东地区发现了一批生产瓷器的窑址。五华县油田镇新兴村滑塘坳有个被当地村民称为"碗窑迹"的地方，发现有 8 条龙窑，可见窑壁和烧结层，文化层厚 1 米多，遗物有匣钵、垫饼以及瓷器罐、碗、盘、碟、钵、豆、杯、灯等，器胎厚重，施青釉，外壁多刻划水波纹、菊瓣纹、莲花纹等，盘、碗的内底多印有"福""寿""玉"等文字或花卉团，属仿龙泉窑系产品。此窑址年代为明代。1986 年发掘大埔三河坝的鱼鲡村窑，清理一座阶级式龙窑，窑壁用泥砖叠砌，火塘和窑尾已被毁，窑室分三间，每间有砖墙相隔，各间窑底的坡度均不同，出土瓷器有双耳瓶、罐、碟、碗、三足炉等，釉色青

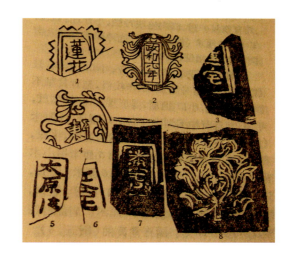

图 19　奇石窑瓷器上的印记

灰或青绿，釉质厚重，碟内多印吉祥文字，也是一处仿龙泉窑的瓷窑[81]。

佛山南风古灶、高灶陶窑，位于佛山市石湾镇，始建于明正德年间（1506—1521 年），延续使用至现代。窑体属于龙窑，依山而筑，窑腔似隧道，用小型砖结砌，顶部为券顶，窑内平面呈船底形，设有四窑门，做各段出入窑之用。南风古灶窑长 32.6 米，窑面共 26 排火眼。窑温在 800℃ ~1300℃ 之间。400 多年来，窑体虽然多次修补，但结构基本保持旧貌。产品胎质厚重，釉厚而光润，具有窑变和釉变的艺术效果。主要生产日用器皿、建材及陶塑[82]。

1987 年在大埔县光德镇发现一座窑炉，属阶级式龙窑，残长 8.72、宽 4.28 米，窑内分三间，每间有砖墙相隔，下面设有火孔，尾间后壁有 14 个烟口。另在富岭柯树坳发现一座窑，用泥砖结砌窑壁，长 2.5、宽 3.74 米，前端有一条横长方形火沟，前后壁各设一排九个通风口或烟道。两地烧

81　广东省地方史志编纂委员会：《广东省志·文物志》，广州：广东人民出版社，2007 年，第 143 页；广东省文物考古研究所发掘资料。
82　广东省地方史志编纂委员会：《广东省志·文物志》，第 143 页。

造的瓷器产品大致相同，主要有碗、碟、烟斗等，青花纹饰有山水、花卉等[83]（图20），年代为明晚期至清代。

图 20　光德窑的青花瓷器

广东沿海水域曾发现一些沉船和文物。珠海蚊洲岛沙滩中出土元代瓷器212件，汕头市郊的沙丘出土明代青花瓷碗、碟、杯、罐、器盖等共64件[84]。这些瓷器与前述的"南海Ⅰ号""南澳Ⅰ号"沉船都是古代中外商舶往来贸易的实录，见证了当时广东在海外贸易中的重要位置。1996—1997年，对汕头市广澳港的一艘沉船进行调查，出水文物有铜铳两件、铜暖一件、铜印两枚及一些瓷器碎片。铜铳上有"国姓府"铭文，一枚铜印的印文为"藩前忠振伯前镇前协关防"[85]。据此可认定沉船是南明时期郑成功部队所属，对研究郑成功部队在闽粤沿海的活动提供重要的实物资料。

｜五、结语｜

本文论述了广东省境内的考古发现及成果，挂一漏万，这只是其中的一部分，还有许多重要资料尚未展开叙述。在今天，广东省的考古事业突飞猛进，全面开花。从旧石器时代的旷野、洞穴遗址到青铜时代的遗址、墓葬群，从秦汉时期的宫苑遗址到隋唐至明清的陵墓、窑址和沉船，积累了许多沉甸甸的资料，这些资料越来越丰硕多彩，使岭南的古代历史画面日益清晰和明朗，也为中国的古代文化填上了浓墨重彩的一笔。这些成果凝结着几代考古工作者的辛勤汗水，是国家对历史文化遗产投入不间断地增加的良好写照，随着中国国力的日益腾飞，广东省的文化遗产保护工作也必将越来越辉煌。

83　广东省地方史志编纂委员会：《广东省志·文物志》，广州：广东人民出版社，2007年，第144页。

84　曾广亿：《广东珠海、汕头出土的元、明瓷器》，《文物》1974年第10期。

85　广东省文物考古研究所等：《汕头广澳港南明沉船调查》，《文物》2000年第6期。

|一、绪论|

古代人类历史上，贵金属一直承担着实用、装饰和货币等功能，特别是金银铜，成为体现这几大功能的代表性金属。白银作为人类最早利用的贵金属之一，从实用到装饰再到货币，经历了漫长的发展过程。西汉及以前，白银并非流通的货币，更多的是作为日常用品，或用于工艺、首饰方面的制作与使用；直到东汉以后，才偶见白银作为货币使用；最迟要到明代中后期，白银成为主要货币。中国的考古发现不乏银器的出土，种类大多以实用器、工艺品、装饰品为主，货币形式的白银出土数量不多，而水下考古特别是沉船类考古发掘，银器主要体现出货币的属性，这和贸易形式以及银本位的价值体系有密切关系。本文就中国水下考古发现的与白银相关的资料进行梳理，对白银货币化的发展脉络及其在海外贸易中的作用进行探讨，以揭示其货币化的进程。

|二、水下考古发现的白银器|

在贸易通道沿线的国家陆地及水下考古工作中常发现中国古代钱币。印度尼西亚唐代"黑石号"沉船出水部分银器，除鎏金银羽觞、鹿狮纹银盒、双燕纹银盒和双鲤鱼纹银碗等银器外，也出水有18件亚腰形银铤。据报道印坦沉船有较多铜钱出水，还发现有较多的银铤。韩国新安元代沉船以及中国沿海的西沙"华光礁Ⅰ号"沉船、绥中三道岗元代沉船等也均有古代铜钱出水。在中国水下考古项目中，与白银相关的沉船不多，目前统计大概有四艘，分别是"南海Ⅰ号"沉船、砳洲岛沉船、"小白礁Ⅰ号"沉船和"南澳Ⅰ号"沉船，分别介绍如下。

1. "南海Ⅰ号"沉船

"南海Ⅰ号"沉船位于广东省台山、阳江交界海域，是一艘南宋早期的外贸商船。于20世纪80年代末期发现，后经整体打捞移入广东海上丝绸之路博物馆，是迄今为止中国水下考古最为重要的发现，亦是"海上丝绸之路"上的重要遗迹。2013年11月28日，"南海Ⅰ号"全面发掘正式启动。"南海Ⅰ号"提取的文物种类丰富，数量超过18万件，包括陶瓷器、铜铁器、金银器、漆木器、钱币、朱砂、植物遗存和动物遗存等，其中既有船货和船上的生活用具，也有旅客所携带的物品。"南海Ⅰ号"清理出来的银器超过360千克，全部为银铤和碎银，都是流通的硬通货。

银铤主要集中发现于T0301、T0302、T0401、T0402交界处的③、④层海泥中，此处下部船舱C10c①、C1_b①、C11c①层也有较多的发现，另有少量银铤散落在船舷外部T0501④层，应为艉楼坍塌时抛出。整块银铤也应该作为商品交割使用，上面有铺主名、重量、地址，以行业信用为保证。碎银使用在日常生活中，另有半块银铤发现，可见银铤亦有可能切割作为零用。

（1）银铤

银铤按大小、重量可分为四种形制，且多有凝结。

A 型，铤状，应为"贰拾伍两"银铤。

T0501④：015 银铤，长 11.4、宽 5.2~7.5、厚 1.7 厘米，重 973.9 克。外层凝结物已拆解，灰色。扁平铤状，弧形首尾，束腰，正面略大于背面，铤面微向内凹，中央有一竖向凹槽，背面及侧边呈蜂窝孔状。铤面四角由外向内竖向锉记"霸南街东"，中央凹槽右侧竖向锉记"杭四二郎"，左侧竖向锉记"重贰拾伍两"，银黑色（图 1）。

图 1 "南海 I 号"沉船出水银铤（T0501④：015）

T0501④：029 银铤，长 11.4、宽 5.4~7.5、厚 1.7 厘米，重 946.6 克。外层凝结物已拆解，灰色。扁平铤状，弧形首尾，束腰，正面略大于背面，铤面微向内凹，中央有一竖向凹槽，背面及侧边呈蜂窝孔状。铤面四角由外向内竖向锉记"霸南街东"，中央凹槽右侧竖向锉记"杭四二郎"，左侧竖向锉记"重贰拾伍两"，银黑色，有腐蚀斑。

T0501④：054 银铤，长 11.5、宽 5.3~7.6、厚 1.7 厘米，重 967.8 克。外层凝结物已拆解，灰色。扁平铤状，弧形首尾，束腰，正面略大于背面，铤面微向内凹，中央有一竖向凹槽，背面及侧边呈蜂窝孔状。铤面四角由外向内竖向锉记"霸南街东"，中央凹槽右侧竖向锉记"杭四二郎"，左侧竖向锉记"重贰拾伍两"，银黑色。

C11b①：0018 银铤，长 11.2、宽 4.8~7.1、厚 1.4 厘米，残重 724 克。外层凝结物已拆解，银灰色。

扁平铤状，弧形首尾，束腰，正面略大于背面，铤面微向内凹，中央有一竖向凹槽，凹槽两边可见锉记痕迹，背面及侧边呈蜂窝孔状。由于锈蚀情况严重，正面锉记均已模糊无法辨识，背面蜂窝孔亦变浅。

C11b①：0022 银铤，长 10.7、宽 4.6~6.9、厚 1.3 厘米，残重 661 克。外层凝结物已拆解，银灰色。扁平铤状，弧形首尾，束腰，正面略大于背面，铤面微向内凹，中央有一竖向凹槽，背面及侧边呈蜂窝孔状。由于锈蚀情况严重，正面锉记均已模糊无法辨识，背面蜂窝孔亦变浅。

C11b①：0353 银铤，长 11.8、宽 5.8~8.1、厚 2.1 厘米，重 989.1 克。黄灰色凝结块，银铤锈蚀后形成。扁平铤状，弧形首尾，束腰，正面略大于背面，表面为锈蚀产物及海洋生物分泌物。

T0302③：398 银铤，长 12.2、宽 6.1~8.3、厚 2.7 厘米，重 1081.6 克。青灰色凝结块，银铤锈蚀后形成。扁平铤状，弧形首尾，束腰，正面略大于背面，表面为锈蚀产物及海洋生物分泌物。

B 型，铤状，中等重量。

C11b①：0059 银铤，长 9.7、宽 4.9~6.7、厚 2.4 厘米，重 496 克。青灰色凝结块，银铤锈蚀后形成。扁平铤状，弧形首尾，束腰，正面略大于背面，表面为锈蚀产物及海洋生物分泌物。

C11b①：0067 银铤，长 8.9、宽 4.1~6.2、厚 1.1 厘米，重 340 克。外层凝结物已拆解，银灰色。扁平铤状，弧形首尾，束腰，正面略大于背面，铤面微向内凹，中央有一竖向凹槽，背面及侧边呈蜂窝孔状。由于锈蚀情况严重，正面锉记均已模糊无法辨识，背面蜂窝孔亦变浅。

C11c①：0354 银铤，长 10、宽 6.9~7.1、厚 2.6 厘米，重 599.2 克。青灰色凝结块，银铤锈蚀后形成。扁平铤状，弧形首尾，束腰，正面略大于背面，表面为锈蚀产物及海洋生物分泌物。

C 型。

C10c①：0107 银铤，长 8.2、宽 4.3~6、厚 2.1 厘米，重 277.6 克。青灰色凝结块，银铤锈蚀后形成。扁平铤状，弧形首尾，束腰，正面略大于背面，表面为锈蚀产物及海洋生物分泌物。

D 型。

T0402③：036 银铤，长 6.4、宽 3.3~4.4、厚 1.8 厘米，重 144.18 克。青灰色凝结块，银铤锈蚀后形成。扁平铤状，弧形首尾，束腰，正面略大于背面，表面为锈蚀产物及海洋生物分泌物。

（2）碎银

C10a①：0035 银块，长 2.6、宽 2.5、厚 2.1 厘米，重 32.4 克。凝结块，方形碎块，为碎银块锈蚀后形成。

T0301③：118 银块，长 5.3、宽 3.5、厚 1.9 厘米，重 76.82 克。凝结块，扁平，为碎银块锈蚀后形成。

C10c ①：0101 银块，残长 6、宽 5.1~7、厚 2.6 厘米，重 305.9 克。青灰色凝结块，为银铤锈蚀后形成。为半块 B 型银铤，弧形首，至束腰中间处残断，应该为使用过程中剪断，表面为锈蚀产物及海洋生物分泌物。

（3）银铤凝结

C11b ①：0049 银铤凝结，两块 A 型银铤凝结在一起，上面一块银铤凝结壳层脱落，露出银铤上的锉记，四角印记已模糊，中央左侧"张二郎"，右侧"京销铤银"。

C10 ①：0032 银铤凝结，长 28.5、宽 25、高 21 厘米，重 31.72 千克。大量银铤被锈蚀产物凝结在一起，呈银灰色不规则砣状（图 2）。

C10 ①：0253 银铤凝结，长 27、宽 27、高 27 厘米，重 57.18 千克。大量银铤被锈蚀产物凝结在一起，呈银灰色不规则砣状[1]（图 3）。

"南海Ⅰ号"是古代"海上丝绸之路"的实物遗存，发现的金银铜货币佐证了史料记载中货币外流的现象。金叶子、银铤的形制以及铭文均与内地出土的同类型金质货币类似，证明了宋代金叶子、银铤作为大额货币广泛应用于商品贸易甚至海上贸易中。

图 2 "南海Ⅰ号"沉船出水银铤凝结（C10①：0032）　　图 3 "南海Ⅰ号"沉船出水银铤凝结（C10①：0253）

2. 硇洲岛沉船

湛江硇洲岛清代沉船是出水银器数量仅次于"南海Ⅰ号"的沉船，银器有银锭和银币。

（1）银锭

1　国家文物局水下文化遗产保护中心等：《南海Ⅰ号沉船考古报告之二——2014~2015 年发掘》，北京：文物出版社，2018 年，第 436 页。

图 4　硇洲岛沉船出水银锭（2005NZ：C79）

2005NZ:C04-1　　　　　2005NZ:C04-2

2005NZ:C04-3　　　　　2005NZ:C04-4

2005NZ:C04-5　　　　　2005NZ:C04-6

图 5　硇洲岛沉船出水的 6 枚银币拓片（2005NZ：C04）

1 件。2005NZ：C79，长 11、宽 2.3、高 1.5 厘米，重量 0.332 千克。完整，呈长方体状，截面近正方形，一面中间有一圆形窝点，较为光滑，应是使用摩擦的痕迹。一端略扁，一端较方，侧面阴刻"丙寅年十两"。银色黝黑。保存较好（图 4）。

（2）银币

共出水 20 枚，出水时呈银色包浆，出水后与空气接触，产生锈色发黑。原银币上铸有模糊的欧式建筑，以及西班牙文字和较多汉字，其叠压关系复杂，大部分汉字无法辨认。个别银币在出水前胶结在一起。

2005NZ：C04 由 6 枚银币组成，直径 4、厚约 0.4 厘米，个体重量 0.024 千克。2005NZ：C04-3 上的文字比较清晰，正面郭边边缘有"VTRAQUE VNUM※M※1□□6※M"西班牙文字样和可辨认的"田""式"二汉字，背面郭边边缘有"□□□DND·VI·D·G·HISPAN·ET IND·REX※"西班牙文字样和可辨认的"京昌""永生""京""中""玉"等汉字（图 5）。

2005NZ：C41 由 2 枚银币组成，个体重量 0.025 千克。其中 2005NZ：C41-1 出水时呈银色，包浆，出水后由于光照反应，与空气接触，产生锈色，原银币的郭边花式及西班牙文字几乎没有痕迹，银币的正、反面保留着"太""士""才""天""士""田""明"等汉字，没有錾印印章痕迹出现。

2005NZ：C78 由 3 枚银币组成，直径约 4、厚 0.4 厘米，重量分别是 0.0238（2005NZ：C78-1）、0.0219（2005NZ：C78-2）、0.0237（2005NZ：C78-3）千克。其中 2005NZ：C78-1 出水时呈银色，

包浆，出水后由于光照反应，与空气接触，产生锈色，原银币上的郭边花式及西班牙文字部分保留完好，银币的正、反面保留着"同""元""盈"等汉字，银币边沿有"65"数字，根据位置判断，应该是"□□65"，与年号有关，有印章凿印标记，其他2枚银币的文字无法辨认（图6）。

图6　硇洲岛沉船出水的3枚银币（从左至右分别为2005NZ：C78-1、2005NZ：C78-2、2005NZ：C78-3）

3．"小白礁Ⅰ号"沉船

"小白礁Ⅰ号"是一条商贸运输沉船，沉没于清代道光年间（1821—1850年），2009年发现，是浙东海域首次通过水下考古手段发现的第一艘具有较高文物价值的古沉船。"小白礁Ⅰ号"沉船遗址所在海域水深18~22米，遗址散布范围长约23米，宽约11.2米。在沉船遗址表面，考古队员采集了玉印、西班牙银币、青花瓷、铜器、锡砚台等473件器物，取得了较为丰硕的成果。"小白礁Ⅰ号"共出水银器3件，类型有银币和银饼。

银币1件。2008NXXBWⅠ：11，直径3.9、厚0.2厘米。基本完整。银质，表面磨损，图案模糊，圆形，边缘压花。正面图案、印文模糊不清，应为头像和铸造年代；背面是王冠、盾徽，两边双柱，周围镌刻西班牙文"HIDS □□□·ED·IND·M·8R·F·□"，并戳有不同样式的字符（图7）。

银饼2件。2008NXXBWⅠ：450，直径4.3、厚0.6厘米。基本完整。表面有锈蚀，呈圆饼状，灰黑色，器表粗糙有杂质[2]（图8）。

4．"南澳Ⅰ号"沉船

"南澳Ⅰ号"位于汕头市南澳县三点金海域。2007年5月，当地渔民在生产作业过程中发现了

2　宁波市文物考古研究所、象山县文物管理委员会办公室、国家文物局水下文化遗产保护中心编著《渔山遗珠——宁波象山"小白礁Ⅰ号"出水文物精品图录》，宁波出版社，2015年。

图7 "小白礁Ⅰ号"沉船出水银币 (2008NXXBWI：11)

图8 "小白礁Ⅰ号"沉船出水银饼
(2008NXXBWI：450)

一条满载青花瓷器的沉船，打捞出一批青花瓷器。广东省文物考古研究所在沉船海域进行潜水调查并成功定位，该沉船的发现填补了水下考古的多项空白。"南澳Ⅰ号"明代沉船遗址的抢救性发掘工作是2010年度国家的重点水下考古项目，2010、2011、2012年连续三年对"南澳Ⅰ号"开展水下考古发掘，对于我国水下文化遗产保护事业的发展具有重大意义。"南澳Ⅰ号"没有真正意义上的银铤或银币，但发掘出水一件青花盘，盘上书"百银万两"，"百"应为"白"通假。

青花折枝花卉纹"百银万两"盘（2012NASⅢ 0022），高6.4、口径25.2~25.4、底径11.6~11.8厘米，重940克。福建漳州窑系民窑青花产品。南三号舱内出水。敞口，弧壁，浅腹，圈足。胎体厚重坚致，胎质灰白。通体施釉，青白釉色泛青，青花绘纹饰，呈色泛灰。内沿饰单弦纹，内壁饰文字纹，楷书旋读"百银万两"。内底弦纹将纹饰分为内外两层，内层饰主题纹饰折枝花卉纹，外层饰连弧纹。外壁饰两道弦纹。底足粘砂。内外壁有棕眼。器身有龟裂纹。口沿稍有磕损（图9）。

三、综述

铜作为中国货币的主要金属，从殷商时期开始，几乎贯穿了整个历史时期。铜钱虽然足够稳定，但其贵重程度和保值率远赶不上金银。黄金受流通量和储量的制约，更多作为稀有贵金属成为艺术品、装饰品的主要选材，用于货币的黄金数量有限。因此白银成为贵金属货币的主角，特别是地理大发现以后，西班牙殖民者在美洲墨西哥发现了绍西托大型银矿，通过掠夺性地开采与提炼，西班牙人将获取的大量白银作为其贸易的货币使用，得到了巨大的利益。同时16世纪在日本发现石见银矿，17 世纪进行了大规模开采，其产量约占世界总产量的三分之一，为白银成为国际流通货币的供应需求提供了基本保障。中国作为海上贸易的大国，硬通货的需求量很大，因此在一个阶段里，世界上大量的白银都通过贸易的形式流入了中国。

从水下考古特别是沉船考古的成果分析，唐代"黑石号"沉船出水的金银器较为丰富，从"黑石号"银器和银货币共出的现象，到宋代"南海Ⅰ号"白银更多以货币的形式出现，再到明清时期"南澳Ⅰ号"、湛江硇洲岛清代沉船、"小白礁Ⅰ号"出水的银币，其标准化、国际化进程的时代脉络非常清晰。当然银器实用品和装饰物的属性

图 9 "南澳Ⅰ号"沉船出水青花折枝花卉纹"百银万两"盘（2012NASⅢ0022）

仍然存在，但就水下考古来说，对外交易的货币功能更显突出。

硇洲岛沉船出水"丙寅年十两"银条的银含量为 77.722%，还含有一定量的铜和铅。14 件外国银币银含量在 78.386%~87.793% 之间，平均数为 84.276%，中位数为 85.774%，这批外国银币普遍还有含量不一的铜、铝等金属。自明代开放海禁到晚清民国时期的对外贸易中，由于中国本土铸造的铜钱成色较差，且交易用量大时携带不便，而国内制造的银条、银锭等贵金属货币存在标准不一、成色参差不齐等情况，因此西班牙、葡萄牙等国及其美洲殖民地铸造的银币因成色较好而在中外贸易中被广泛使用，这类外国货币大量流入中国。通过分析检测较为有限的样品可知，外国银币的银含量相对较高，成色也高于同时出水的银锭，这类银币的官方铸造标准含银量均在 90% 以上[3]。从硇洲岛清代沉船出水部分外国银币的银含量检测结果来看，即使分析结果存在一定的误差，银币在

3　王祖远：《曾经在中国流通的几种外国银币》，《收藏》2021 年第 1 期。

保存环境中可能受到外界污染的影响，但仍能看出这些银币同样在一定程度上存在成色不足、合金含量标准不统一的问题，这一现象在今后的中外贸易史研究中值得进一步关注。

砚洲岛沉船出水的青花瓷器是较为典型的清代产品。出水铜钱中最晚的是嘉庆通宝，其铸造年代是1796—1820年。一件长条形银铤的侧面阴刻有"丙寅年十两"字样，清代共经历四个丙寅年，分别为1686、1746、1806和1866年，从该遗址出水的青花瓷器和铜钱等船货可知这是一条从中国国内驶出的商船。出水的银币既有中国本土银条，又有中国国内流通多次（密布錾印中文）的西班牙银圆，更表明清中晚期中外贸易的兴盛。这些西班牙银圆生产发行多来自美洲大陆，同时也印证了19世纪初欧洲文明连通亚洲和美洲两大文明的市场，进一步推进了全球化进程。该船沉没在砚洲岛附近海域，该海域也正是有相当繁忙的海洋贸易往来基础，也正因如此，法国人在鸦片战争后实现了对附近湛江广州湾的侵占。综合各类出水遗物，初步判断该处遗址年代应为19世纪初（清嘉庆年间），"丙寅年十两"应为1806年之丙寅。

"小白礁Ⅰ号"沉船所出最晚的铜钱为道光通宝，出水的五彩碗、"孟臣制"紫砂壶、酱釉壶、青花碗等器物与马来西亚迪沙如沉船所出器物基本相似，可知两船年代应当相近，推测"小白礁Ⅰ号"沉船年代应在清代道光年间（1821—1850年）。所出银饼也应为货币属性[4]。在这几艘沉船中，唯独"南澳Ⅰ号"没有出真正的银器或者白银货币，但"百（白）银万两"青花瓷盘却恰恰反映了明代白银货币化的真正历史背景，真实体现出明代白银作为最主要的硬通货，成为体现财富的价值标尺。明隆庆年间皇帝穆宗以法权的形式取消了百姓用银的禁令，为白银货币属性的合法化奠定了基础，太子少保兼英武大学士桂萼在嘉靖十年提出"一条鞭法"的税赋及徭役制度，随后万历年间，张居正将"一条鞭法"推向全国，将全国各州县的徭役、田赋等统一折合为白银赋税进行征收。至此，白银货币化的标志正式形成。

但自19世纪开始，中国白银大量流出。19世纪二三十年代英国向中国输出鸦片，每年约六百万两白银流出中国；鸦片战争战败，赔款二千一百万两白银；第二次鸦片战争战败，向英、法两国共赔偿六百万两白银；中日甲午战争失败，向日本赔款两亿三千万两白银；特别是20世纪初与八国联军宣战战败后，更是赔出了四亿五千万两白银。没落的清帝国被西方列强蚕食瓜分，最终走向了衰亡，银本位的货币体系也逐步被纸币等繁杂的货币形式所取代。

4　宁波市文物考古研究所、国家文物局水下文化遗产保护中心、象山县文物管理委员会办公室编著《小白礁Ⅰ号——清代沉船遗址水下考古发掘报告》，北京：科学出版社，2019年，第150页。

广东省博物馆是首批国家一级博物馆和大湾区重要的文化旅游地标，馆内收藏更是集岭南文物之大成，历史、艺术、革命、自然等诸多种类汇集一体，是华南地区藏品数量最多、品类最丰富、特色最鲜明的博物馆。为此，馆领导决策出版藏品大系，分类介绍馆藏文物精品，深挖文物价值，阐释博物馆藏品的历史、艺术、科学价值，发挥文物以史育人的作用，让民众通过馆藏精品了解岭南文化，进而更好地认识中华文明。本书是此系列丛书中的第四卷。

本卷在编撰过程中，以兼顾地域、时代、品类为原则，以资料性、学术性、可读性为宗旨，力求做到图文并茂，雅俗共赏。为此，我们有如下几点思考：1.反映我馆出土出水文物收藏的特点。馆藏出土出水文物数量多，分布广，在考虑地域分布的同时，考虑各重要遗址的代表性器物。在出水文物方面，既关注"南海Ⅰ号""南澳Ⅰ号"广东迄今发现的最重要的两艘古代沉船，也留意 20 世纪 70 年代西沙群岛调查获得的一批文物以及近年购买的境外沉船出水文物。2.反映广东历史发展进程。从史前到清末，各时期、各考古学文化的代表性文物尽量收录。3.体现考古发掘与研究的新成果。我们希望通过此次编撰，尽可能多地挖掘出文物蕴藏的文化内涵，让读者"读"懂文物，从而感受广东历史的源远流长，岭南文化的丰富璀璨。

感谢考古前辈的毕生努力，为我馆奠定了历史文化文物收藏与研究基础，让我们可以从中挑选代表性精品集合成册；感谢馆领导的大力支持，让出版工作顺利推进；感谢邱立诚、许永杰、崔勇老师的悉心指导或惠赐佳作，把关图录质量，提升学术内涵；感谢文物出版社以及馆内外所有为图录出版付出辛勤汗水的工作人员。正是大家的共同努力才让本卷得以顺利出版。

编者

2022 年 8 月